웃음과 감동의 아이들 명언 96

엄마가 좋아,
눈물이 날 만큼!

히스이 고타로 지음 · 조아라 옮김

"가장 필요한 마인드는 깨끗함이다."
by 키츠카와 유키오

프롤로그

당신은 어제 몇 번 웃었나요?
그리고 오늘은요?
한번 떠올려 보시기 바랍니다.
어른은 하루에 평균 13번을 웃는다고 해요.
하지만 아이들은 하루에 약 400번을 웃습니다.

하하하하하하하하하하하하하하하하하하하
하하하하하하하하하하하하하하하하하하하
하하하하하하하하하하하하하하하하하하하
하하하하하하하하하하하하하하하하하하하
하하하하하하하하하하하하하하하하하하하
하하하하하하하하하하하하하하하하하하하
하하하하하하하하하하하하하하하하하하하
하하하하하하하하하하하하하하하하하하하
하하하하하하하하하하하하하하하하하하하

하하하하하하하하하하하하하하하하하하하하하
하하하하하하하하하하하하하하하하하하하하하
하하하하하하하하하하하하하하하하하하하하하
하하하하하하하하하하하하하하하하하하하하하
하하하하하하하하하하하하하하하하하하하하하
하하하하하하하하하하하하하하하하하하하하하
하하하하하하하하하하하하하하하하하하하하하

'하' 하나에 한 번 웃었다고 치면 이게 400번 웃은 거네요.
아이들은 하루에 이만큼이나 웃어요.
확실히 많이 웃네요. ^^

반면에 어른은 13번 웃으니까,
하하하하하하하하하하하하하
한 줄이 채 되지 않습니다.
확실히 너무 안 웃네요. ^^

한 시간에 한 번도 웃지 않는 어른,
3분에 한 번은 웃는 아이들.

"아빠, 나 응가하고 올게."
확실히 초등학생인 제 아들은 응가하러 가는 데도
한 번은 웃습니다.

"아빠! 나, 하룻밤 사이에 배에 근육이 붙은 것 같아."라며
아침부터 야단법석인 아들 녀석. 아들 배에 손을 대보니
확실히 엄청나게 딱딱합니다. "응?" 하고 놀라자마자
아들이 빵 터집니다. 옷 안쪽에서 깔개가 나왔거든요.
아이는 이 깔개 하나로도 이렇게 신이 나는 겁니다.

아이들은 밖에 나가면 바로 뛰어다니기 시작합니다.
밖에서 냅다 뛰는 어른은 본 적 없으시죠?
하지만 아이들은 틈만 나면 뛰어다닙니다.
당신도 초등학생 시절에는 분명 그랬을 겁니다.

중국의 도교에는 어린 시절 사진을 앞에 두고
명상을 하고, 동심으로 돌아가는 수행이 있습니다.

성장이란
어떤 사람이 '되는' 것이 아니라,
본연의 자신으로 '돌아가는' 것.

성장은, 어린 시절의 자신을 되돌리는
일에서부터 시작됩니다.
그리고 그것은 매우 간단한 일입니다.

왜냐하면, 우리 어른들은 모두
어린 시절을 겪었기 때문이에요.

그러니, 아이들이 쓰는 말을 들어보고
떠올리기만 하면 되는 거죠.

이 책에는 웃음과 감동을 주는 아이들의 명언,
얼버무리는 말, 진기한 말들을 모아 보았습니다.

잡지 《PHP의 무럭무럭 육아》의 증간호에 연재 중인
〈히스이 고타로의 아이들은 모두 천재다!〉에 보내 주신
많은 아이들의 명언 중에서 베스트로 선정된 내용으로,
말하자면 '아이들 명언 베스트 앨범' 같은 책입니다.
아이들이 하는 말이 너무 귀엽고 재미있어서,
껄껄 웃으며 편집했습니다.

아이들은 순간순간, 그때그때
자신의 기분대로 솔직하게 행동합니다.

그래서 미련을 남기지 않습니다.

하지만 우리 어른들은 지금 죽는다면,
분명히 미련이 남겠죠?

딸과 아들, 두 아이를 키우면서 항상 신기했던 것이
아이들은 아무리 치고받고 싸워도 30분도 안 지나
다시 사이좋게 놀기 시작한다는 점이었습니다.
아이들이 싸움을 시작하면 저는 항상 시계를 봤습니다.
언제나 싸움은 30분을 넘지 않았습니다.
마음에 담아 두지 않는 것이죠.
그야말로 지금을 사는 것이었습니다.
아이들에게는 30분 전의 일조차 완전히 과거이니까요.
그런 식으로 어른들도 살아갈 수 있다면,
분명히 이 지구에서 전쟁은 사라질 거예요.

조금 과장된 표현일진 몰라도,
저는 정말로 이렇게 생각합니다.
아이의 마음을 되찾는 일이 이 지구를 구할 거라고요.

히스이 고타로

 차례

프롤로그 4

제1장　확 와 닿아! 13
　우리 집 이야기 **1** 기적을 일으키는 방법 41
　우리 집 이야기 **2** 꽝으로 바꿔 주세요 43

제2장　왠지 한마디 툭! 45
　우리 집 이야기 **3** 웃음 나오는 싸움 62

제3장　가슴이 두근! 65
　우리 집 이야기 **4** 슬픔과 배려는 쌍둥이 형제 92
　우리 집 이야기 **5** 꼴찌 쟁탈전 94
　우리 집 이야기 **6** 꿈꾸는 오늘의 도시락 96
　우리 집 이야기 **7** 천재 아빠를 둔 아들 99

제4장 왠지 응원해 주고 싶어! 103

우리 집 이야기 **8** 만점은 별이 가득한 하늘이면 돼 115

우리 집 이야기 **9** 대스타가 여기에 있었네! 118

우리 집 이야기 **10** 인생에 무의미한 일은 없어 121

우리 집 이야기 **11** '과거'는 '지나간다' 124

우리 집 이야기 **12** 바람을 맞으며 126

제5장 어이쿠, 뜨끔! 129

우리 집 이야기 **13** 리코더 사건 1 158

우리 집 이야기 **14** 리코더 사건 2 160

우리 집 이야기 **15** 흥행 비결 163

제6장 눈물 나게 천진난만! 165

우리 집 이야기 **16** 준비, 카멜레온! 186

우리 집 이야기 **17** 노는 거니까 더 189

마지막 명언 192

에필로그 195

일러스트 · 키타무라 진

"받아들여.
웃으면서 믿어 봐."

제1장

확 와 닿아!

제1장 확 와닿아!

칠석 날에 모두가 소원을 적어 붙였을 때,
아동 보육 지도를 하고 있던 저는 이렇게 적었습니다.
'행복하게 해 주세요.'
그것을 본 아이의 한마디.

"선생님, 지금은 안 행복해요?"

짧은 한마디에 지나지 않았지만,
그 말의 심오함이 아직도
제 마음속에 남아 있답니다.

만 8세 · 남아

하스이 코멘트

행복은 그렇게 되는 것이 아니라, 그냥 깨닫는 것. 행복은 미래에 있는 것이 아니라, 지금 여기에서 느끼는 것. 이 아이는 8살임에도 행복의 본질을 잘 알고 있네요. 어라? 지금 당신도 행복하지 않나요?

전철 안에서 저희 부부와 아들이
나란히 앉을 수 있도록 일부러 자리를
양보해 준 남학생에게, 아들이 얼굴 가득
미소를 머금고 이렇게 감사 인사를 했어요.

"감사합니다, 아저씨!"

"감사합니다, 형!"이라고 했어야지!

만 5세 · 남아

감사를 하려는 건지 약을 올리려는 건지 알쏭달쏭하지만, 정말 귀여워요.

제1장 확 와 닿아!

초등학교에 갓 입학한 아들이
학교에 다녀와서 한마디.

> "엄마가 너무 좋아서
> 학교에서도 엄마 생각만 나."

저도 모르게 아들을 꼭 안아 주었어요.

초1·남아

히스이 코멘트

와, 정말 감동적이네요. 그런 얘길 들으면 숨 막히게 꽉 안아 주고 싶어지죠. ^^

숙제인 국어 문제에 대한 아들의 답.

'왼쪽의 반대말은?'

"왼쪽 아님."

'입구의 반대말은?'

"입구 아님."

'여자의 반대말은?'

"여자 아님."

초1·남아

하스이 코멘트

"심플 이즈 베스트!"

단순하게 생각한다는 게 바로 이런 거죠. 이렇게 있는 그 대로 생각하는 방법을 배우고 싶네요.

제1장 🌟 확 와 닿아!

딸아이가 자신이 태어나기 전의
천국 이야기를 해 주었습니다.
"하늘 위에 천국이 있는데,
하느님이 아기들이랑 같이 놀아 주고 계셨어.
그러다가 내가 엄마를 보고
'먼저 갈게, 빠이빠이—.'라고 하면서
엄마 배꼽으로 뛰어들어서 배 속으로 들어갔어."
"그때 엄마는 뭘 하고 있었는데?"

"콩나물 사고 있었어."

콩나물……. ^^

만 9세 • 여아

 히스의 코멘트

앞으로는 마음 놓고 콩나물도 못 사겠네요. ^^

"남자애가 째려봤어."

"남자애가 막 놀렸어."

라고 하는 딸아이.

걱정되기 시작할 때,

그 뒤에 꼭 붙이는 한마디.

"아마도 날 좋아하나 봐."

딸아이의 이런 자연스럽고

긍정적인 생각에 용기를 얻었어요.

만 9세 • 여아

하스의 코멘트

와우! 어떻게 받아들이느냐에 따라서 남자애가 째려보든, 놀리든 사람은 행복해질 수 있네요. 문제는 다른 데 있는 것이 아니라, 자신이 어떻게 이해하느냐에 달려 있다는 거네요.

학교에서 위령제(6월 23일 오키나와의 독자적인 행사)를
위한 전쟁 경험자의 평화 강연회를 들었을 때,
아이의 감상문입니다.
"○○씨, 오늘 전쟁 이야기를
알기 쉽게 가르쳐 주셔서 감사했어요.

**다음번에는 더 알기 쉽게
가르쳐 주세요."**

만 6세 · 남아

히스이 코멘트

칭찬을 하면서도 진짜 자기 생각을 똑 부러지게 말했네요. 어른들이 하기엔 좀처럼 어려운, 상당히 고급 기술이랄까요. ^^

제장 확 와 닿아!

밥을 잘 짓는 아들 녀석.
밥이 정말 맛있길래 그 비결을 물었더니,

"엄마는 혼을 담아서 밥을 짓고 있어?

뭐든 정성을 들이면 맛있어져."라고 대답하더군요.
말문이 막힌 저는, 아들을 반드시 훌륭한 요리사로
키워야겠다고 마음먹었답니다.

초5 · 남아

히스이 코멘트

요시나가 사유리(일본의 가수이자 배우) 씨 주연의 〈이상한 곶 이야기〉라는 영화에서 '곶' 카페 주인 역의 요시나가 씨가, "맛있어져라, 맛있어져라."라며 마음을 담아 커피를 타는 장면이 있는데요. 어라? 이걸 따라 해보면 정말로 맛있어져요. 밥 짓기도 똑같지 않을까요?

제1장 확 와 닿아!

남편과 크게 다툰 후 반성하고 있던 어느 날.
"엄마는 아빠한테 항상 기대고 싶은데……."라고
혼잣말처럼 3살짜리 아들에게 투덜댔더니,
아들이 하는 말.

"나한테 기대면 되잖아!"

이게 3살짜리가 할 소리인가요!
그래도 고백받은 것처럼 두근거렸답니다.
멋져, 내 아들!

만 3세 · 남아

히스이 코멘트

남자로서 정말 멋지네요. 제자가 되고 싶을 정도예요! 덧붙여서, 제가 제자로 들어가고 싶다고 생각한 대부호는 이렇게 말했어요. "좋은 여자는 불행해지지 않는다는 걸 알고 있나? 왜냐하면, 내가 구하러 갈 거거든." 이것도 멋지지 않나요? ^^

아들에게 이렇게 칭찬받았습니다.
"엄마, 너무 귀여워."
칭찬받는다는 건 기쁜 일이죠.

**"엄마, 너무 귀여워.
꼭 얼룩말처럼."**

응!? 얼룩말?

만 4세 • 남아

이거, 꼴 보기 싫은 상사한테 써 보고 싶네요. "역시 부장님! 훌륭한 판단이셨어요. 꼭 풍뎅이처럼요." "역시 전무님! 오늘 양복 잘 어울리시네요. 꼭 하늘다람쥐처럼요." 꼭 내일 한번 시험해 보세요. 단, 그 이후의 모든 책임은 본인이 지는 거로! ^^

제1장 확 와 닿아!

며칠 전 아들이 블록 장난감으로
건물을 굉장히 잘 만들었습니다.
"대단한데! 진짜 잘 만들었다! 이쪽으로
재능이 있는 거 아니야? 나중에 건축가가 되려나?
엄만 이런 거 못 만들어! 대단해!"
라고 칭찬하자 아들이 하는 말.

"엄마도 혹시
아들바보인 거야?"

초4 · 남아

하스이 코멘트

저는 아이가 "아빠, 〈호빵맨〉에 나오는 세균맨은 포유류야?"라고 물었을 때, 이 아이는 천재라고 생각했어요. 그도 그럴 것이, 세균이기 때문에 확실히 균류. 하지만 생긴 건 아무리 봐도 포유류. "어쩌면 이리도 예리한 눈을 가지고 있는 거지!" 감탄했습니다. 아, 이것도 혹시 아들바보인 건가요?

"아빠가 좋아!"라는 아이의 말을 남편에게 들려주려고 며칠째 고군분투하고 있었습니다. 하지만 좀처럼 그렇게 말해 주지 않아서 마지막 수단으로 아이가 싫어하는 것과 아빠를 비교하는 작전을 쓰기로 했습니다.

"똥이랑 아빠 중에 어느 쪽이 더 좋아?"

그 질문에 아이 아빠는 '에이, 당연히 아빠지.'라며 어이없어하고 있는데, 아들은 바로

"똥!"

이라고 대답하더군요.

만 5세・남아

히스이 코멘트

아이들은 말이죠, 똥을 진짜 좋아하거든요. 비교 대상을 잘못 선택하셨어요. "아빠랑 냉 두부 중에 어느 쪽이 더 좋아?"라고 물어보는 게 정확했을 것 같아요.

제1장 확 와닿아!

아들이 유치원에 다니고 있을 때 주고받은 대화예요.

나 "있잖아, 엄마의 훌륭한 점이 뭐야?"

아들 "쓸데없는 일도 포기하지 않는 거."

나 "진짜? (기쁜 마음에 아들에게 달라붙으며) 어떨 때 그렇게 생각하는데?"

아들 "엄마는 아무것도 달라지는 게 없는데, 매일 화장하잖아."

어린 녀석이 그런 말을 해서 깜짝 놀랐답니다.

만 4세 · 남아

히스이 코멘트

부모는 뭔가 여러 가지 형태로 아이들에게 희망을 걸어 보곤 하죠. ^^
저도 아들에게 이렇게 칭찬받은 적이 있어요.
"아빠, 진짜 대단한 것 같아."
"응, 뭐가?"
"피자 먹을 때 아빠가 타바스코 소스 뿌려 주잖아? 항상 그 양이 절묘해. 내가 뿌리면 항상 더 많이 나오거나 하는데, 아빠는 기가 막혀."
"…… 아빠 대단한 점이라는 게, 그거야?"
"응, 그거!"
일본에서 타바스코 소스를 제일 잘 뿌리는 사람!
바로 이 히스이였습니다. ^^

제1장 확 와 닿아!

"엄마는 어떤 사람이 제일 싫어?"
"큰 목소리로 화내는 사람."

"딱 엄마잖아!!!"

바로 정곡을 찌르며 들어오니,
웃으면서 얼버무리지도 못하고
반성했답니다.

만 7세 • 여아

히스이 코멘트

이건 정말 엄마가 뜨끔했을 것 같아요. 자꾸만 화를 내면서 훈육하다 보면, 생각대로 되지 않을 때는 소리치면서 화내도 된다는 식으로 아이가 받아들일 수 있어요. 자, 이럴 때는 소리치기 전에 심호흡을 한 번 하고 이렇게 생각을 해 보세요. "그래! 소리치면서 혼낼 거야. 다 잘되라는 마음으로 소리치는 거야."라고 말이죠. 그러면 화내면서 아이를 가르치는 것도 좋은 효과를 발휘하지 않을까요. ^^

수업 참관일 다음 날, 아들이 같은 반 친구들한테
"너희 엄마 미인이더라!"라는 말을 들었나 봅니다.
아이 좋아라~~~!
"그래서 친구들한테 뭐라고 대답했어?"라고
아들에게 물었더니, 이런 대답이 돌아오네요.

"너희가 우리 엄마의 본 모습을 모르니까 그러지."

"엥?"

만 10세 · 남아

엥? 뭐? 뭐라고? 못들은 거로 하죠.

제1장 확 와 닿아!

동네에서 모르는 아저씨가 "몇 살이야?"라고 묻자

> "나는 세 살이고,
> 우리 엄마는
> 스물일곱 살이에요."

라고 대답하는 아들 녀석.

아, 엄마 나이는
말 안 해도 된다고!

만 3세 · 남아

하스이 코멘트

음, 엄마 나이는 말 안 해도 돼. 그건 정말 일급비밀이야. 절대 말하지 않는 게 좋아. 그것만은 지켜 줘. ^^

아들이 다니는 유치원에서
"아이가 '선생님, 너~무 좋아요!'라면서
항상 달려와 안겨요. 정말 예뻐요!"
라고 저에게 얘기해 주는 선생님이 세 분 계세요.
그 세 선생님의 공통점을 저는 바로 알아차렸답니다.

빵빵한 가슴!

만 5세 · 남아

하스이 코멘트

이건 뭐, '보고 배우고 싶은 상' 수상작이네요. ^^

제1장 확 와 닿아!

영화를 보며 울고 있는데
아들이 이렇게 말하더군요.
"엄마, 이거 영화야.

괜찮아, 안 울어도 돼.

응? 다 지어낸 얘기야."

만 9세 · 남아

히스이 코멘트

아드님이 침착하네요. 덧붙여서, 자신의 감정도 영화관 객석에서 바라보는 것처럼 생각하면 불안이나 화가 누그러지니까 꼭 한번 테스트해 보세요. 예를 들면, 부부 싸움을 하는 자신의 모습을 영화를 보는 것처럼 객관적으로 생각해 보는 거예요. 그러면 "아, 나 지금 노발대발하고 있구나." 하고 번뜩 정신이 들어서 화내고 있는 자신을 보면서 웃을 수도 있어요.

숙제는 나 몰라라 하고 게임만 하는 손자에게
"뭐야! 공부하다가 그 게임 같은 걸 하는 거냐?"라고
꾸짖었더니, 손자는 "예?" 하고 놀라며 이렇게 말했어요.
"그게, 반대인데……."
"뭐?"

"저, 게임을 하면서 짬짬이 공부하고 있는 거예요."

만 11세 · 남아

히스이 코멘트

아무렴요, 그럼요. 우리는 이 지구에 놀러 왔거든요!

제1장 확 와 닿아!

아들이 고등학생 때 일입니다.
아들 "있잖아, 엄마는 처음으로 엄마가 된 거야?"
나 "응? 그렇지."
아들 "아, 그렇구나.

처음인데도 정말 잘하네."

순간 귀를 의심했지만 진지한 아들의
얼굴을 보고는 너무나 기뻤답니다.

고등학생 · 남아

"엄마 잘하고 있어."라고 아이들이 칭찬을 해 주면 엄마들은 가슴이 찡하죠. 이 사연을 읽고 저도 부모님께 무언가 칭찬을 해 드리고 싶어져서 이렇게 말했어요.
"지금 말이죠, 부모님 덕분에 무척 행복하게 살고 있어요. 이게 다 아버지, 어머니 덕분이에요."
말로 하는 효도죠. 신기하게도 이렇게 말하면, 저 자신이 행복해지더라고요.

제1장 확 와 닿아!

가족이 함께 전철을 타려고 하는데,
유모차를 밀다가 타이밍을 놓쳐서 아빠만 먼저
전철을 타게 됐어요. 아빠를 태운 전철이 출발하는
것을 보면서 딸은 "가지 마~~~!"라고 팔을 뻗어 가며
대성통곡하기 시작했어요.
"다음 역에서 아빠랑 만나서 같이 갈 거야, 괜찮아."
라고 말해도 딸은 울음을 멈추지 않았죠.
"아빠가 그렇게 좋아?"라고 물으니,
"좋고 싫고가 아니야."라고 대답하는 딸.
그럼 뭐야?

"아빠가 진짜 정말 좋단 말이야!!!"

정말 못 말리겠네요!

만 3세 · 여아

히스이 코멘트

'좋고 싫고가 아니라, 진짜 정말 좋아.'라니 정말 못 말리겠군요. 조금 전에는 똥한테 아빠가 졌지만, 이번에는 아빠의 완승이네요!

저 히스이에게는 중학생 딸과
초등학생 아들이 있는데요,
어느 날 아내와 아들이 이런 대화를 하고 있었어요.

"아직 5시까지 20분 남았으니까
밖에 놀러 나가는 건 어때?"
아들 통금 시간이 5시거든요.
아내가 그렇게 말하자 아들이 대답하네요.

**"엄마, 20분 놀려면
안 나가는 게 나아."**

히스이 코멘트

놀러 나가지 않는 이유, 멋지지 않나요? ^^

기적을 일으키는 방법

축제 때 포장마차에서 하는 뽑기라든지, 그런 걸 아들은 신기하게도 잘 뽑습니다. 우리 집 식구들 모두 포장마차에서 파는 살구 맛 사탕을 좋아하는데요, 이걸 사면 주사위 2개를 던져서 같은 숫자가 나왔을 때 공짜로 하나 더 받을 수가 있어요. 아들이 뽑기를 잘하니 이럴 때 아들을 투입하는데요, 얼마 전에 주사위를 던져서 세 번 연속으로 같은 숫자가 나왔어요. 가족 모두가 공짜로 사탕을 먹을 수 있었으니 신이 나서 난리가 났죠. 이걸 확률로 따지면 약 0.4%! 200번 던져서 한 번 나올까 말까 하는 걸 운 좋게도 한 방에 해내는 아들에게 뭔가 비법이 있지 않을까 싶어 아들에게 물어봤습니다.

"있지, 주사위 던질 때 무슨 생각해?"

"아빠, 우선은 눈을 감고 차분하게 마음을 가라앉혀."

"오오, 우선은 정신 통일부터?"

"그러면 반짝하고 빛이 나거든. 그 순간에 주사위를 던지는 거야."

"눈꺼풀 안쪽이 반짝하고 빛나는 거야?"

"응. 그때 '안 맞게 해 주세요.'라고 비는 거야."

"응? 왜 '안 맞게 해 주세요.'야?"

"아빠, 민망하게 그런 거 묻지 마."

"민망하게?"

그 뒤로도 이것저것 꼬치꼬치 물어봤지만, 그 이상은 본인도 잘 모르는 눈치였습니다. 이건 제 추측인데, 마음을 비워도 주사위를 던지기 직전에 욕심이 생기니 거기서 "안 맞게 해 주세요."라며 욕심을 내려놓는 것은 아닐까 싶어요.

아들한테 배운 기적을 일으키는 방법을 정리해 보자면, 조용히 마음을 가라앉히고 '무'의 상태가 되어, '반짝'을 느꼈다면, 마지막에는 '뿅' 하고 욕심을 놓는다.

"허리를 힘껏 '휙' 돌려 '깡!' 하고 공을 관통시킨다."라고 말한 요미우리 자이언츠(일본 프로야구 구단) 나가시마 시게오 종신 명예 감독의 스윙 지도처럼 표현을 해 봤는데, 잘 전해졌나요?

꽝으로 바꿔 주세요

얼마 전, 축제의 뽑기 노점에서 아들은 또 '당첨'을 뽑았습니다. 당첨 경품은 커다란 장난감 총. 그것도 한 번에 뽑은 것이었습니다. 하지만 아들은 장난감 총을 받지 않고, 노점의 형에게 뭔가를 조용히 말하고 있었습니다.

"죄송한데요, 이 '당첨'을 '꽝'으로
 바꿔 주실 수 있나요?"
"응?"

뽑기 노점의 형도 순간 영문을 모르겠다고 생각한 것 같았습니다. 아들은 당첨 경품보다도 100엔 샵에서나 팔 법한 '꽝' 경품인 알록달록한 공이 더 좋아 보였는지, '당첨'과 '꽝'을 바꾸고 있었습니다. 이것으로 아들도 만족하고, 뽑기 노점의 형은 더 만족할 수 있었어요. ^^

1등이라든지 비싼 것을 따지는 게 아니라, 자신이 진심으로 원하는 것을 선택한다는 것.
　　어린 시절에는 모두 그랬었죠.

　　다른 사람의 눈을 의식하지 않고, 자신의 눈으로 솔직하게 살아가는 것.
　　바로 거기에 순수함이 존재하는 거겠죠.

제2장

왠지 한마디 툭!

제2장 왠지 한마디 툭!

자동차로 딸과 함께하는 외출.

차 안에서 심심하지 않게 끝말잇기를 하기로 했어요.

엄마 "끝말잇기, 무슨 말로 시작할 거야?"

딸 "음…, 뭐로 하지?

좋아! 치즈!!!"

뭘 해 볼 새도 없이 갑자기 끝나 버렸어요.

만 4세 • 여아

하스이 코멘트

"즈…라. 뭐로 하지? 좋아, 즈믄(숫자 1,000의 옛말)! 어라, 끝나 버렸네?"
그런데 '즈믄'이 뭔지 아는 아이가 있을까요? ^^

저는 유치원 선생님입니다.

어느 날, 아이들이 이렇게 충고를 하더군요.

"선생님! 매일 유치원에 와 있는데,

어른이니까 이제 슬슬 일하러 가는 게 어때요?"

저기, 여기가 내 직장인데…….

만 5세 • 여아

우리 집에서도 아들이 엄마한테 이렇게 물었다고 해요.
"엄마, 우리 아빠 요즘에 계속 집에 있는데……. 그건가? 회사에서 잘린 거야?"
아들아, 아빠는 작가라서 집에서 일할 수 있단다. 다행히도 잘린 건 아니야. ^^

제2장 왠지 한마디 툭!

아이와의 대화.

"엄마가 정말 좋아!"

"고마워, 아빠는?"

"멋있어!"

"형아는?"

"힘이 세!"

"그래. 그럼, 할아버지는?"

"불쌍해!"

뭐어!!!

할아버지가 두통 때문에
항상 '아프다, 아프다.' 하는 탓인 걸까요?

만 3세 · 남아

 히스이 코멘트

정말이지 그 꾸밈없는 말에 경의를 표하고 싶네요. ^^

제2장 왠지 한마디 툭!

저는 마흔 즈음의 보육 교사인데 아직 미혼입니다.
우리 유치원 남자아이가 어느 날 갑자기
이렇게 말하는 거예요.

"역시, 나는 선생님이랑 결혼해야겠어요."

"어머, 좋아라. 그런데 역시라니?"
"원래는 엄마랑 결혼할 생각이었는데
엄마는 이미 아빠랑 결혼했으니까…,
결혼은 한 사람하고만 하는 거래요."

만 5세 · 남아

하스이 코멘트

남자아이들은 엄마를 정말 좋아하죠. 어느 책에서는 천재들의 공통점으로 엄마의 전폭적인 지지를 받으며 성장한 경우가 많다는 점을 꼽습니다. 특히 남자아이들은 엄마가 인정해 주면 놀랄 만큼 성장한다고 해요. 남자아이들은 정말 단순한가 봅니다.

절분(節分)* 날, 아들은 계속

"귀신은 밖으로, 어묵은 안으로!"**

라고 외치고 있었습니다.

어묵보다는 복이 들어왔으면 좋겠는데 말이죠.

만 4세 · 남아

하스이 코멘트

그럼요. 어묵보다는 복이 들어와야 좋죠! 하지만 역시 절분 날에는 꼭 실수하는 아이들이 있어요. "귀신은 안으로!" 같이요. '이건 아니잖아~.'

* '세쓰분'이라 읽는 일본의 명절. 원래는 입춘, 입하, 입추, 입동의 전날을 뜻하지만, 현재는 입춘의 전날만을 가리킨다. 2월 3일 내외.
** 일본의 절분에 행하는 행사로 "귀신은 밖으로, 복은 안으로(鬼は外, 福は內)!"라고 외치며 콩을 던진다. '복은 안으로(후쿠와우치)'와 '어묵은 안으로(지쿠와우치)'는 발음이 비슷하다.

제2장 왠지 한마디 툭!

겨울방학, 좀처럼 숙제를 하려 들지 않는
딸아이를 보며 애가 타서
"뭐, 해야 할 일 없어?"라고 살며시 물어보았습니다.
"아!" 하는 딸. 겨우 숙제가 생각이 났나 봅니다.
하지만 딸아이는 무슨 영문인지
마당으로 뛰어나가더군요.

> "말린 고구마 어떤지 보고 올게."

그러고는 "엄마, 잘 마르고 있는 것 같아!"라네요.

> "그게 아니잖아!
> 숙제하라고, 숙제!
> 갑자기 웬 말린
> 고구마 타령이야!?"

만 7세 · 여아

하스이 코멘트

숙제하기 싫을 때 이런 방법이 있었네요. 이렇게까지 시치미를 떼면 차마 화도 못 내겠어요. 제가 초등학교 다닐 때 친구들은 "엄마가 숙제를 찢어서 버렸어요."라고 변명을 하곤 했답니다. 이건 분명히 새빨간 거짓말이라고 생각했죠. ^^

제2장 왠지 한마디 툭!

아들 녀석의 생일날 아침. 일어나자마자 전속력으로 화장실로 내달리더니, 다시 두다다다 거실로 뛰어들어오며 크게 외치는 한마디.

"생일 축하해, 나!

아빠도 엄마도 먼저 축하 안 해 주니까."라는 아들 녀석.

"그게 아니야, 이 녀석아!"

말할 틈을 안 줬잖니!

만 11세 · 남아

하스이 코멘트

저의 10살 생일날. "열 살부터는 이제 어른인 거야."라는 아빠의 말씀에, "왜 열 살부터 어른이야?"라고 여쭤 봤어요. "한 살(ひとつ), 두 살(ふたつ), 세 살(みっつ), 네 살(よっつ), 다섯 살(いつつ), 여섯 살(むっつ), 일곱 살(ななつ), 여덟 살(やっつ), 아홉 살(ここのつ), 열 살(とお). 열 살부터는 마지막에 'つ'가 안 붙지? 그래서 어른인 거야."라고 하시더군요. 그런 이유로 어른이라고요? ^^

아들이 3살이 됐을 때,
"오늘은 시치고상* 사진 찍으러 갈 거야."라고 하니,
어리둥절해하는 아들 녀석의 한마디.

"시치고 씨가 누구야?"**

분명 '유명인이라도 오는 건가?'라고 생각했나 봐요.
아니야, 오늘의 주인공은 너야~!

만 3세 · 남아

하스이 코멘트

"그러면 오늘의 스페셜 게스트를 모셔 보도록 하겠습니다. 미스터 시치고!!!."
꺄아~ 시치고 씨!!! ^^

* 일본어의 '시치·고·산(しち·ご·さん, 7·5·3)'. 일본 아이들의 성장을 축하하는 행사.
  남아는 3세·5세, 여아는 3세·7세가 되는 해 11월 15일에 빔을 입고 신사나 절을 참배한다.
** 일본어의 3을 나타내는 '산(さん)'은 ○○ 씨를 뜻하는 '상(さん)'과 발음이 비슷하다.

제2장 왠지 한마디 툭!

이제 곧 초등학생이 되는 딸이,
무언가 하나 잘하는 게 있으면 좋겠다는
생각에 연극 교실에 데리고 갔습니다.
하지만 뭘 해도 "하기 싫어!"라며 의욕을 보이지 않는
딸아이 모습에 불안해져서, 더 다양한 체험 교실에
딸을 데리고 다녔죠.
그러던 어느 날 딸아이가,
"엄마, 우리 집에서 의욕 넘치는 사람은
엄마밖에 없어."라네요.

**"아니, 그럼 아빠도
의욕이 없다는 거냐!"**

라는 말이 바로 튀어나오더군요.

만 5세 · 여아

히스의 코멘트

역시 마지막에는 아빠가 나와줘야죠. 우리 집도 완전히 똑같아요. 어떤 이벤트에 딸아이를 데리고 갔을 때, 다른 분들이 저에게 사인을 받으려고 줄을 서신 적이 있어요. 제가 사인을 하는 모습을 딸아이는 본 적이 없기에, "아빠가 의외로 인기가 좋지?"라고 으스댔죠. 집에 돌아오자마자 딸아이는 엄마에게 쪼르르 달려가서 "아빠가 엄청나게 멋있는 척 사인해 주는데, 재수 없었어."라고 하더군요. ^^

우리 아들이 초등학교 5학년이었을 때,
심각한 얼굴로 저에게 고민을 털어놓았습니다.

"아빠, 실은 말이야.
나 아직도 된장 라면이랑
간장 라면이랑
뭐가 다른지 모르겠어."

"응, 그런 건 평생 몰라도 돼."라고 말해 줬어요. ^^

그리고 또 하나. 아들 녀석과 같이
중화요리를 먹으러 갔을 때 나눈 대화인데요.
"있지, 아빠도 좀처럼 실천은 못 하고 있는 일이긴 한데,
항상 신경 쓰는 게 있어. 먹을 때 꼭꼭 씹어 먹는 일이
그거야. 아빠가 평소에는 이래라저래라 잔소리
안 하잖아. 그래도 꼭꼭 씹어 먹는 일만큼은
항상 염두에 두고 실천했으면 해."
그러자, 아들 녀석은

"아빠, 면은 목으로
술술 넘겨야 제맛이지."

라며 잘 씹지 않고 면을 후루룩 삼키더군요.
애당초 자장면 먹으면서 할 얘기는 아니었던 거죠. ^^

히스의 코멘트

> 사건은 회의실에서 일어나는 게 아니라 현장에서 일어나
> 는 거야!* ^^

*일본 영화 〈춤추는 대수사선〉의 대사.

제2장 왠지 한마디 툭!

처남 부부와 함께 스테이크가 유명한
가게로 식사하러 갔습니다.
아들 녀석도,
"아빠, 눈물 날 정도로 맛있었어."라고
감탄해 마지않더군요.
하지만 곧이어 하는 말.

> "아빠, 눈물 날 정도로 맛있던데.
> 옆에 나온 그 감자,
> 정말 최고였어."

"곁들여져 나온 감자 말한 거였어?!"
모두가 동시에 이렇게 한마디 했더랬죠.
고기만 보자면 맥도날드 데리야키 맥버거가
더 맛있다는 것 같아요.
모처럼 고급 스테이크 먹으러 갔는데 이게 뭐야?!

덧붙여서, 모스버거(일본의 패스트푸드 전문점)에 갔을 때 아들 녀석이 이러더군요.
"모스버거, 내가 안 먹은 동안에 솜씨 좋아졌네. 분명히 엄청난 아르바이트생이 들어온 걸 거야."
'솜씨가 좋아졌다.'라니. 거기에 엄청난 아르바이트생은 또 뭐죠…….

3 우리 집 이야기 — 웃음 나오는 싸움

"방금 길에서 모르는 할머니한테 '안녕하세요.'라고 인사했더니, '어머, 착하기도 하지.'라고 칭찬 들었어."라며 학교에서 돌아온 아들 녀석이 흥분한 목소리로 말했어요. 그러자 아내는 "너, 늦게 들어온 거 얼버무리려고 그렇게 말하는 거지?"라고 따져 물었습니다. 그러자 아들 녀석은 "워워, 그렇게 소리 지르지 마."라며 말을 잇더군요.

"엄마, 그렇게 소리 질러서
지금까지 뭐 해결된 거 있었어?"

이 여유 넘치는 말에 아내는 또 열을 내며 이렇게 한마디 했답니다.

"뭐 해결된 건 없지만
속은 후련해지더라, 요놈아!"

결국 아들 녀석도 아내도 쓴웃음만 짓고 있었어요. 이 둘의 싸움은 정말이지 볼 때마다 흥미진진해요. 솔직하게 자기가 하고 싶은 얘기를 하는데, 꼬투리 잡을 만한 말이 많다 보니 몇 마디 주고받다가 결국엔 서로 웃어버리죠. 싸움으로 시작하지만 마무리는 웃음. 이거야말로 싸움의 좋은 예라고 생각했어요.

"싸운 후에 뽀뽀는 내 철칙이야."

- 우에시마 류헤이(일본의 개그맨 겸 배우)

(싸움 중에 말다툼하며 얼굴을 들이대면, 어느새 키스를 하고 있어요. 싸움으로 시작하지만 마무리는 키스. 이것도 싸움의 좋은 예라고 할 수 있죠.)

제3장

가슴이 두근!

제3장 가슴이 두근!

"크면 뭐가 되고 싶어?"

"페트병!"

그 이유가 '모두에게 물을 주고 싶어서.'라네요.

만 3세 · 남아

하스이 코멘트

'페트병이 되고 싶다.'라니. 그 이유가 귀엽고 기특하네요. '모두에게 물을 주고 싶다.' 이것이 바로 '직업'의 본질인 거죠. 돈을 위해서도 아니고, 주변의 말에 휩쓸린 것도 아니에요. 페트병이 되고 싶다는 그 이유에 사랑이 가득하네요.

아들 녀석이 집에 돌아와

화장실로 내달리며 한마디.

"엄마, 방귀가 아파."

초2 • 남아

방귀 관련해서 우리 아들 녀석 이야기 하나 할게요. 며칠 전, 아들 녀석이 "오늘 무서운 꿈 꿨어."라고 하는 겁니다. 공룡한테 쫓기는 꿈이었다고 해요. "그런데 말이야, 아빠. 방귀를 뀌니까 공룡이 안 쫓아왔어."
그래? 너의 방귀는 인류를 구할 수 있겠구나.

제3장 가슴이 두근!

봄방학, 복사지로 꼼꼼하게
손목시계를 만들고 있었던 아들 녀석.
"봐 봐. 이거 롤렉스 데이토나야.
전 세계에 5개밖에 없는 한정 모델이라고."
갖고 싶은 건 자기가 알아서 뚝딱 만들어 버리죠.
종이로 만든 그 시계는
7시 25분을 가리키고 있었습니다.

> "있잖아, 엄마.
> 이 시계 말이야,
> 하루에 두 번이나
> 시간이 딱 맞아."

시간이라는 게 하루에 두 번만 맞으면 되는 거죠.
남자아이들이란 정말 재미있고 귀여운 생물체예요.

만 13세 · 남아

하스이 코멘트

갖고 싶은 건 자기가 알아서 뚝딱 만들어 버리는 것. 이거야말로 아이들다운 발상이네요. 제 지인의 아이는 연주회 날에 교복 넥타이를 깜빡 잊어버렸다고 해요. 그런데 사진을 보니, 멀쩡히 넥타이를 하고 있는 거예요. 종이에 급하게 넥타이를 그려서, 투명테이프로 붙였다나 봐요. 저도 그 사진을 봤는데, 언뜻 봐서는 전혀 알 수 없을 정도로 감쪽같았죠. 또 예술가인 피카소는 이렇게 말했어요. "파란색이 없으면 빨간색을 쓰면 된다."라고요. 없으면 없는 대로, 가지고 있는 것으로 얼마든지 즐길 수 있는 게 바로 인생인 거죠!

제3장　가슴이 두근!

아들이 처음으로 호텔에 묵었을 때.
"엄마, 신발은 어디에 벗어 놔?"라고 묻기에
"호텔 방에서는 신발 안 벗어도 돼."
라고 대답하니, 아이가 하는 말.

> "나, 이 신발 신고
> 민달팽이 밟은 적 있는데
> 괜찮을까?"

초1·남아

히스이 코멘트

사람은 하루에 몇 번 정도 생각을 할까요? 30번? 40번? 아뇨, 아뇨. 어른은 하루에 6만 번 이상 생각을 한다고 해요. 그 생각 중 95% 이상은 불필요한 생각, 고민들이고요. 그래요. 어차피 할 고민이라면, 이 아이처럼 귀여운 고민을 하는 게 좋겠죠?

아들 녀석이 4살 때 주고받은 대화예요.

"몇 살까지 같이 목욕해 줄 거야?"

"음, 56살?"

"56살?"

"아, 역시 60살까지?

아니야, 65살까지 같이 할까?"

만 4세 · 남아

하스이 코멘트

"56살? 역시 60살까지? 아니야, 65살까지 같이 할 거야."
라고 진지하게 생각해 주는 아드님의 모습이 정말 감동이
네요." ^^

제3장 가슴이 두근!

슈퍼마켓에 갔는데 모든 계산대에 많은 사람이 줄을 서 있었고, 직원을 부르는 안내 방송이 흘러나왔습니다. "계산대 충원 부탁합니다." 그러자 충원을 응원으로 이해한 아들 녀석이 계산하는 직원들을 향해

"힘내요, 파이팅~!"

이라며 응원을 시작했습니다.
이를 본 주변 사람들이 웃고 있더군요.

만 3세 · 남아

히스이 코멘트

응원해야지 했을 때 이미 주저 없이 '파이팅!'을 외치고 있었던 거죠. 이런 식으로 살 수 있다면, 죽기 전에 미련은 남지 않을 것 같아요. 참고로 죽기 전에 미련을 남기면 유령이 된다고 해요. ^^
모두가 아이들처럼 살 수 있다면, 전 세계 유령들은 싹 다 없어지는 거죠.

제3장 가슴이 두근!

집으로 돌아갈 차에 탄 손녀딸에게
"안녕, 잘 가. 또 와."라고 하자,

"멍멍!"

하는 겁니다.
며느리 친정에서 개 3마리를 키우는데,
손녀가 그 개들과 잘 놀다 보니 사람이 쓰는 말보다
'멍멍!'이 먼저 나온 것 같았어요.

만 1세 • 여아

희수이 코멘트

상상해보면 너무나 귀여운 장면이에요. 마음이 훈훈해지는 것 같아요. 실은 이 사연을 보내 주신 할머니께서 또 다른 사연을 보내 주셨는데요. 이 분 남편께서 색종이로 학을 접어 손녀에게 건네자, 세상에나 손녀가 그대로 쓰레기통에 그 종이학을 버리러 갔다고 해요. 종이학을 쓰레기로 생각했던 거겠죠. 그때 놀랐을 할아버지의 얼굴을 생각하니 저절로 미소가 지어졌어요. ^^

친척 아이가 할아버지와 외할아버지의 키 차이를 보고
'키 큰 할아버지', '키 작은 할아버지'라고 불렀는데,
이때 키 작은 할아버지가 조금 서운한 표정을
지으셨나 봐요.
그러자 아이는 "키 큰 할아버지!", 그리고

"귀여운 할아버지!"

라고 고쳐 말해서 키 작은 할아버지를
매우 기쁘게 만들었어요.

만 3세 • 여아

히스이 코멘트

일본어에는 배려나 걱정을 의미하는 '신빠이(心配)'라는 표현이 있습니다. 마음 심(心)에 나눌 배(配)를 쓰는데요, 이거야말로 마음을 나눈 게 아닐까 싶어요. '귀여운 할아버지' 정말 멋져요! 상대방을 배려하는 마음이 정말 잘 느껴졌어요.

제3장 가슴이 두근!

아들이 겨우 말을 할 수 있게 된 2살 정도부터,
외출할 때는 꼭 이렇게 말하는 거예요.

> "할아버지, 아빠,
> 엄마, 내 동생, 누나,
> 다~같이 가는 거야!"

이렇게 가족 모두를 한 명, 한 명 소중히 불러 주었어요.
누가 가르쳐 준 것도 아닌데, '가족'이나 '친구'를
생각하는 마음이 이렇게 어렸을 때부터
확실히 생긴다는 점에 감동했답니다.

만 2세 · 남아

히스이 코멘트

이름을 소중히 여긴다는 건 정말 멋진 일이에요.
일본 프로야구에서 미국의 메이저리그로 진출한 마쓰이 히데키 선수의 어머님 이야기를 들은 적이 있는데요. 어렸을 때부터 '히데키 씨'라고 꼭 '씨'를 붙여서 불렀다고 해요.
이름을 소중히 여긴다는 건, 상대를 소중히 여긴다는 마음의 표현, 그 자체라고 생각해요.
이름이야말로 이 우주에서 가장 큰 선물이니까요.

제3장 가슴이 두근!

유치원에서 원아들끼리 말싸움이 벌어졌어요.
결국, 화가 난 한 남자아이가 이렇게 말했답니다.
"아, 열 받아! 이제 말 걸지 마!

**어차피 피망도
못 먹으면서!!!"**

맞아, 맞아. 피망 먹고 나서 말 걸도록 하렴.

만 5세 · 남아

히스이 코멘트

"어차피 피망도 못 먹으면서." 이게 아이들 사이에서 절대 해서는 안 되는, 상대를 꼼짝 못 하게 만드는 한마디죠.

유치원에서 한 아이가 지구본을 바라보며 하는 말.

> "그러면……,
> 우리 집은 어디지?"

일본은 섬나라이다 보니 겨우 3센티미터 정도로
표시되는데, 거기서 자기 집을 찾는다고
지구본을 뚫어지게 쳐다보고 있었어요.

만 3세·남아

하스이 코멘트

일본 막부 말기의 영웅인 사카모토 료마*가 어린 시절 놀러 다니던 친척 집에는 세계지도가 있었다고 해요. 료마도 분명 자기 집이 어디인지 찾았을 거예요. 그런데 세계지도에서 집을 못 찾아서, 일본은 작은 나라라는 걸 피부로 느꼈을 거고요. 일본은 작은 나라라는 어린 시절의 깨달음이 훗날 료마의 세계관으로 이어진 것은 아닐까요.

*일본 에도시대의 무사. 막부와 번을 통일시키는 등 봉건시대를 끝내고 메이지유신을 통해 근대국가로 발전하는 기틀을 마련했다. 일본 역사상 가장 위대한 인물 중 한 명으로 평가한다.

제3장 가슴이 두근!

유치원에서 매주 금요일은 주먹밥 먹는 날.
아이들이 편의점 이야기를 자주 하길래,
보육 교사인 저는 어느 날 이렇게 물어보았어요.
"어디 편의점 주먹밥이 가장 맛있는 것 같아?"
그러자 한 아이가 이렇게 대답하네요.

"우리 엄마가 만든 주먹밥이 제일 맛있어요!!"

괜한 질문해서 미안.

만 5세 · 남아

반대로 제 아내는 요리를 잘하지 못하는데, 며칠 전에는 나폴리탄 스파게티를 만들어 줬어요. 하지만 간을 잘못 맞춰서 아들 녀석이 "더는 못 먹겠어."라며 포기했죠.
"어머, 그래도 조금 전에 아빠는 맛있다고 먹었어."
아내가 말하자 아들 녀석의 한마디.
"그건 말이야, 아빠가 착해서 그런 거야."
결국, 들킨 것 같네요. 저의 이 상냥함을 말이죠. ^^

제3장 가슴이 두근!

유치원에서 유행하기 시작한 울음소리 흉내 내기 게임.

제가 "말은 어떻게 울어?"라고 물으니 딸아이는,

"히이이잉~!"이라고 대답하네요.

"개구리는?"

"개굴개굴!"

"양은?"

"메에에에~!"

"그럼 염소는?"

"여엄소오오오오~~~!"

만 5세 · 여아

이거 듣고 싶었어요. "여엄소오오오오~~~!" ^^
기린은 어떻게 우는지 아세요?
"머어~!"
꼭 소처럼 울어요.

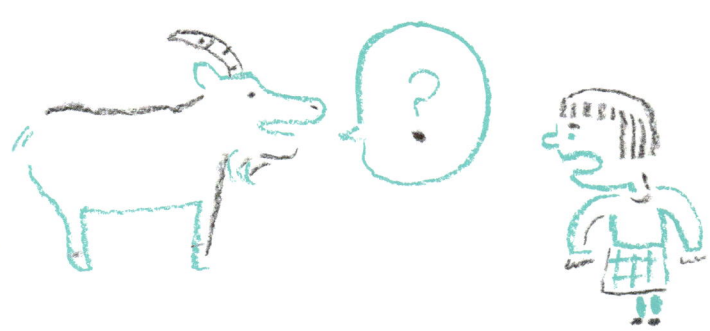

제3장 가슴이 두근!

어쩌다 보니 딸아이와 게임을 하게 됐어요.
딸아이는 이렇게 말하더군요.

"내가 지면
엄마 어깨 주물러 줄게.

하지만 내가 이기면
수수께끼 엄청나게
많이 낼 거야!"

만 6세·여아

하스이 코멘트

이건 사장님들이 꼭 보고 배웠으면 좋겠어요. "좋아, 이번 달 영업 실적이 안 좋은 사람한테는 벌을 주겠어. 수수께끼 엄청나게 낼 거야."라고 말이죠. 반대로 사장님이 내는 수수께끼가 듣기 싫어서 영업 실적이 오를지도 몰라요.

아이가 아무렇지도 않게 너무 달라붙길래
억지로 쌀쌀맞게 굴었더니,

**"나는 엄마가
좋단 말이야,
눈물이 날 만큼!"**

이라고 진지한 얼굴로 말하는 아이를
나도 모르게 꼭 안아 주었어요.

만 5세 • 남아

하스이 코멘트

훈훈한 이야기네요.
"눈물이 날 만큼 좋아."
여기에 분명 밑줄 긋고 다음번에 짝사랑하는 그 사람에게
이렇게 내 마음을 전해 봐야겠다고 생각한 사람이 있을
거예요. 건투를 빌어요. 고백 후에 어떻게 됐는지 연락해
주세요. 기다리고 있을게요. ^^

제3장　가슴이 두근!

3살인 딸아이와 스케이트장에 갔을 때의 일이에요.
딸아이는 넘어지기만 할 뿐, 얼음 위에 서 있지도
못했어요. 가족 모두가 파김치가 되어 집에 돌아온 후,
딸아이에게 오늘 어땠는지 물어보았어요.

"나 엄청나게 넘어졌으니까,
그만큼 엄청나게
연습 많이 한 거야.

많이 많이 연습했으니까, 더 더 잘 타게 될 거야.
그래서 나는 좋았어. 아빠보다도 좋았어.
재미있었어~!"

만 3세 • 여아

멋져요. 넘어진 만큼 더 능숙해진다는 걸 알고 있는 거네요. 그래서 넘어지는 일조차 즐겁다는 거고요. 마치 발명왕 에디슨 같은 발상이네요.

에디슨은 램프를 발명하는 데 1만 번 실패했다고 해요. "그렇게나 실패하는데도 기죽지 않았네요?"라는 말에, "나는 한 번도 실패하지 않았습니다. 이 조합은 안 된다는 걸 발견한 것 뿐이죠."라고 답했어요. 실패가 곧 발견이자 발명이기도 한 거죠.

제3장 가슴이 두근!

어린이집 재롱 잔치 때 있었던 일이에요.
귀여운 옷을 입고 종종걸음으로
무대 위로 등장한 아들 녀석.
대사가 잘 들릴지 걱정스러운 마음에
가슴이 콩닥거리는 나.
두리번두리번하던 아들 녀석.
그러다 갑자기,

"엄마아아~~~!!!"

라고 큰소리로 나를 부르며
무대 위에서 손을 흔드는 아들 녀석.
엉겁결에 같이 손을 흔든 나.
그리고 왠지 눈물이 멈추지 않는 나.
그 후, 아들 녀석은 아무 일도 없었다는 듯
자신의 연극 대사를 끝내고
무대 뒤로 사라졌어요.

만 4세 · 남아

하스이 코멘트

이 이야기, 왠지 눈에 선해서 저도 눈물이……. 연극 발표에서 "엄마!"라고 소리치다니, '창피하니까.' 혹은 '연기해야 하니까.'라고 생각하는 어른은 절대 못 할 일이죠. 하지만 아이들은 그런 게 전혀 상관이 없어요. 이미 마음이 그렇게 소리치고 있는 걸요.

제3장 가슴이 두근!

집을 나설 때, 보통 "다녀오겠습니다."라고 말하는데요.
하지만 우리 딸은 외출할 때 "다녀오겠습니다."라고
절대로 말하지 않아요. 왜 그런다고 생각하세요?
만약 이날 가족에게 무슨 일이 생긴다면,
마지막 작별의 말이 "다녀오겠습니다."가
되어 버리니까요.
"'다녀오겠습니다.'가 마지막 말이 되는 건
너무 싫으니까."라는 딸아이.
그럼, 가족에게 뭐라 말하고 외출할 것 같으세요?

"정말 좋아해!"

라고 말한답니다.

중학생·여아

 하스이 코멘트

이건 정말이지, '가슴이 두근 상' 대상 수상작이네요! 저는 집을 나설 때, 아내가 "오늘은 일찍 들어오지 마."라고 하니까요. 정말이지 다른 뜻으로 가슴이 두근거리고 떨려요. ^^

4 우리 집 이야기 — 슬픔과 배려는 쌍둥이 형제

"아빠, 아빠! 나무에 장수풍뎅이가 있었어!!!"라며 초등학생 아들 녀석이 흥분하면서 장수풍뎅이를 잡아온 적이 있었어요. 그리고 아이는 거실에서 소중히 키우기 시작했죠.

그러던 어느 날, 집에 돌아왔는데 아이가 마침 현관에서 장수풍뎅이에게 먹이를 주고 있기에 "오오, 장수풍뎅이 보여 줘, 보여 줘."라며 상자에서 장수풍뎅이를 꺼내 뿔을 들어 올리려고 하는 순간, 푸드덕푸드덕…….

갑자기 장수풍뎅이는 하늘 높이 날아올라 그대로 어둠 속으로 사라져 버렸습니다…….

입만 뻥긋거리며 그저 멍하게 바라만 보는 아들 녀석. 아들 녀석이 소중히 아끼던 장수풍뎅이를 제가 놓쳐 버렸습니다. 하지만 아들 녀석은 저를 전혀 탓하지 않고, 단지 이렇게 한마디 하더군요.

"아빠, 장수풍뎅이라는 게
 날아다니네……. 처음 봤어."

그렇게 말하는 아들 녀석의 어깨가 축 처진 것이 너무 안타까웠습니다. 그것을 눈치챈 아내의 한마디.

"상자에서 빠져 나와서 날아갈 때,
 장수풍뎅이, 기분 좋았겠다."

저는 자책 중이고, 아들 녀석은 그런 저를 배려하고, 아내는 장수풍뎅이의 기사회생 역전극에 마음 설레어했죠. 이런 우리를 바라보며 웃고 있는 딸아이.

같은 일이라도 어떻게 받아들이느냐는 모두 제각각.

그런 의미에서 슬픔과 배려는 분명히 쌍둥이 형제 같아요.

슬픔이 있는 곳에 슬그머니 배려라는 게 동시에 생겨나는 거죠.

우리 집 이야기 5 꼴찌 쟁탈전

초등학교 운동회의 달리기 경주는 6명이 달립니다. 그 6명 중 아들 녀석은 항상 5등이나 6등. 4등 안에 든 적이 한 번도 없어요. 그런 아들 녀석이 이렇게 큰소리를 치는 겁니다.

"아빠, 이번에는 잘 달릴 수 있어.
아무리 못해도 2등은 할 수 있어."

아무리 못해도 2등은 따냈다는 호언장담.
알고 보니, 빨리 달리지 못하는 아이들 6명이 같이 달리게 되어서 이번만큼은 자신 있는 것 같았어요. 그리고 운동회 당일. 드디어 아들 녀석이 달릴 차례가 됐고, 저도 사진을 찍기 위해 만반의 준비를 하고 있었죠.
하지만 설마가 사람 잡는다고 했던가요. 아들아, 아빠는 네가 그렇게 엄청난 차이로 꼴등으로 들어올 줄은 꿈에도 몰랐단다.

그리고 꼴등인 6위 줄에 서 있는 너를 봤을 때 다시 한 번 깜짝 놀랐어.

너의 얼굴에 가득 퍼진 그 웃음에 말이야…….

꼴등 친구들 사이에서 너는 즐겁게 신이 나 있었지.

꼴등인데도 얼굴 가득 웃음을 띤 너야말로, 아빠 마음 속에서는

최고의 1등이야.

최악의 상황에서도 그렇게 웃을 수 있다는 건 정말 멋진 일이야.

그거야말로 진정한 금상이야.

6 우리 집 이야기 — 꿈꾸는 오늘의 도시락

딸아이가 초등학생이었을 때, "꿈이 뭐야?"라고 물어본 적이 있어요.

"생협(일본 생활협동조합의 준말)에서 계산원으로 일하고 싶어."

저는 딸아이의 어깨에 손을 얹고, 이렇게 격려했어요.

"그래, 네 꿈은 꼭 이뤄질 거야."

아들 녀석에게도 물어보니 이렇게 대답하네요.

"내 꿈은 매일 달라져."

뭔가 대단한 것 같았죠. ^^

오늘의 도시락처럼 꿈이 매일 바뀌는 것도 즐거운 일이죠.

"그러면 어제 꿈은 뭐였어?"

"소방관!"
"그럼, 오늘의 꿈은?"

"인생 게임 100연승!"

저는 아들의 어깨에 손을 얹고 이렇게 말했어요.
"그 상태로 계속 바보로 있어 줘."

며칠 뒤 또 꿈이 뭔지 물어봤는데요, 이번에는 이렇게 말하더군요.
"아빠, 나 있잖아, 돈 모아서 할아버지가 됐을 때 이를 전부 금니로 만들 거야. 그리고 두꺼운 담배―시가(cigar)를 말하는 거겠지―를 피우는 거지. 아빠, 내 꿈 엄청나지 않아?"
그래, 엄청나다 엄청나. ^^

아이들을 보며 항상 생각하곤 합니다.

'맞아, 우리의 영혼은 80년의 휴가를 얻어서 이 지구라는 자유로운 별에 놀러 온 거야.'라고요.

내일부터 오키나와를 여행한다면, 이것도 하고 싶고 저것도 하고 싶어서 마음이 들뜨죠. 인생도 똑같아요. 우리는 지구라는 별에 여행을 와있는 거예요. 그렇기에 매일 소풍 전야고, 뭘 해도 다 좋은 거죠. 꿈이 매일 바뀌는 것도 좋아요. 더 자유롭게 말이죠. 여행에 성공이니 실패니 그런 건 없는 거니까요. 그런 의미에서 미련 없이 즐겨보는 게 어때요. 삶의 마지막 날에 "아, 정말 재미있었어."라고 자신 있게 말할 수 있게요.

천재 아빠를 둔 아들

아들 녀석이 초등학교 5학년 때의 일입니다.

"있잖아, 아빠. 잠깐 숙제 좀 봐주세요."라며 부탁을 해 왔습니다.

아들이 가지고 있던 교과서에는 끝이 보이지 않을 정도로 긴 현수교 사진이 실려 있었습니다. 그 사진을 보고 이야기를 상상해서 쓰는 숙제였습니다.

"재미있는 숙제네. 그런데 무슨 이야기를 생각했니?"

"응. 있지, 두 명의 초등학생 형제가 현수교 맞은편에 있는 할머니 댁으로 놀러 가. 그래서 현수교를 건너기 시작하지. 얼마 지나지 않아 멈춰 서서 주변 풍경을 보고 있는데, 삐걱삐걱 소리가 들려오는 거야. 무슨 소리지 싶어서 뒤돌아봐도 아무도 없어."

"오오! 좋아, 좋아. 그 미스터리한 느낌."

"걸음을 멈추고 서 있는데도 삐걱거리는 소리가 점점 커져. 바로 그때 현수교 맞은편에서 검은 덩어리가 보이기 시작하더니 그게 점점 커지는 거야. 동생은 '형, 무서워!'라고 울부짖었어."

"아슬아슬한 전개네!!! 좋아, 좋아!"

"그런데 아빠, 그 검은 덩어리가 다가오는데……, 세상에 그게 곰이었던 거야."

"우와!!! 절체절명의 위기 아냐!"

"그래서 형제 눈앞까지 곰이 다가와 두 발로 서서 '쿠오오오오~~~!!!' 울부짖으며 형제를 잡아먹으려고 하는 바로 그 순간!"

"오오오오오오, 그 순간 어떻게 됐어?"

"아니. 아빠, 여기서부터는 생각 안 했어."

"뭐야, 거기서부터가 완전히 중요한데."

그런데 아들 녀석이 이렇게 물어오는 거였습니다.

"그냥 참고만 할게. 아빠라면 여기서부터 어떻게 이어 갈 것 같아?"

베스트셀러 작가인 아빠의 실력을 시험하려는 듯한 눈으로 아들 녀석은 저를 쳐다보더군요. ^^

그런 눈으로 바라본다면 저도 가만히 있을 순 없죠.

저는 아들 녀석에게 이렇게 이야기를 이어가기 시작했습니다.

"곰이 그 형제를 잡아먹으려는 바로 그 순간, 곰이 날카로운 발톱을 지닌 오른발을 자기 머리 위로 올리는 거야. 그리고 머리에 올린 오른발을 위로 쭉 뻗어."

"오오! 그래서 어떻게 됐어, 아빠?"

"곰이 쑤욱 하고 머리를 벗어 던지자, 세상에……. 그 곰은 할머니였던 거야."

"곰은 인형 옷이고, 안에는 할머니가 들어가 있었다는 거야?"

"그렇지."

아들은 내 눈을 보고 아무 말도 하지 않았습니다……. 잠시 아무 말도 않다가, 이렇게 한마디 툭 던지더군요.

"아빠, 정말 천재였구나…….."

응?
그렇게 좋았어?
지금 이야기가 완벽한 거야?
"아빠, 정말 장난이 아닌데?"
아들은 정말로 감동하고 있었습니다.
정말 그렇게 좋았던 거야? ^^

제4장

왠지 응원해 주고 싶어!

제4장 왠지 응원해 주고 싶어!

좋아하는 수업은?
아들 녀석의 대답.

"급식."

공부하는데 힘든 점은?
아들 녀석의 대답.

"덜렁거려서 공부를
따라갈 수가 없음."

초6 · 남아

히스이 코멘트

단지 '공부를 따라갈 수가 없음.'이라고 한 것이 아니라, 그 앞에 '덜렁거려서'라는 이유가 붙은 것만으로 이렇게까지 공감을 끌어낼 줄은 몰랐어요. ^^
공부 같은 거 못해도 괜찮다고 머리를 쓰담쓰담 해 주고 싶네요.

아들 녀석의 과학 시험.

"이 실험 도구는 무엇을 위해서 필요합니까?"

"만약을 위해서."

"○○실험을 위해서는 ○○과 ○○, 그리고 또 하나 무엇이 필요합니까?"라는 질문에 아들 녀석의 답.

"나."

초4・남아

히스이 코멘트

절대로 틀렸다고 할 수 없는 멋진 답이네요. 우리 아들이 '백조'를 '타조'라고 썼을 때도 오히려 맞았다고 했으면 좋겠다고 생각했었어요.
앞서 언급한 어느 대부호도 초등학생 때 '좋아하는 것은?' 이라는 질문에 '여자'라고 써서 틀렸다고 해요. 왜 틀렸는지 이해가 되지 않아 옆자리 아이의 답을 봤더니, '개구리'라고 쓰여 있었는데 동그라미였다나요. ^^

제4장 왠지 응원해 주고 싶어!

딸아이가 반 회장이 되었어요.
수업 중에 시끄러운 반 친구들을 조용히 시키는 것이
회장의 역할 같았어요. 하지만 아이들이 좀처럼
조용해지지 않자, 담임 선생님이 딸아이에게
"조용히 시키지 못 하면 회장 그만두게 할 거야!"라고
말했다고 해요.
그날 딸아이는 집에 돌아오자마자,
이렇게 거침없이 말하는 연습을
몇 번이나 반복하고 있었어요.

"저는 선생님이 생각하는
이상적인 회장이 아닐지는 모르겠지만,

**스스로가 생각하는 이상적인
회장이 되고 싶습니다."**

다음 날, 선생님께 그대로 말했다고 하네요.
우리 딸, 힘내!

만 9세 · 여아

희스의 코멘트

저까지 "파이팅!" 하게 되는데요. 따님, 끝까지 힘내세요!

제4장 왠지 응원해 주고 싶어!

초등학교 5학년, 1학년, 그리고 22개월 된 3명의 아들이
게임을 하면서 놀다가, 근처에서 빨래를 널고 있던
저를 셋째 아들이 도와주었어요.
"고마워. 아이, 좋아라."라고 셋째 아들을 칭찬한 후에
첫째와 둘째에게는 이렇게 말했어요.
"너희도 예전에는 도와주는 걸 좋아했는데."
그러자 둘째 아들이,
"좋아했던 일을 더는 좋아하지 않게 되는 것도
성장하고 있다는 거야.
이제 도와주는 거 싫어!

많이 컸네, 나."

의기양양한 얼굴의 둘째 아들과
말 한번 잘했다며 웃고 있는 첫째를 보고 있자니,
한 대 맞은 듯 헛웃음만 나올 뿐인 엄마였답니다.

초1·남아

히스이 코멘트

네, 그것도 훌륭한 성장이네요. 우리 집 아들 녀석은 얼마 전에 이렇게 말하더군요.
"엄마, 나 이제 더 이상 마리오 브라더스 티셔츠 입기 싫어."라고요.
그렇게 좋아했던 마리오 브라더스. 하지만 생각대로 게임이 풀리지 않아서 싫증이 났었나 봐요. 이것도 또한 성장이겠죠.
생각대로 흘러가지 않기에 게임이란 게 재미있는 거예요. 그건 인생도 마찬가지고요. 마음먹은 대로 되지 않기에 인생은 더 살아갈 가치가 있는 거예요.

제4장 왠지 응원해 주고 싶어!

유치원에 다니는 아들 녀석이
축구에 눈을 떠서 조금 남자다워졌어요.
그리고 매일 밤 자기가 졸리면
아들 녀석은 이렇게 말하게 됐죠.

"엄마, 빨리 나를 재우란 말이야!"

궁극의 츤데레(겉으로는 쌀쌀맞게 굴지만, 속으로는 좋아하고 있는 캐릭터)에 그만 홀딱 반해버렸답니다.

만 4세 · 남아

히스이 코멘트

유치원생이 설마 이렇게 엄마를 내려다볼 줄이야. 나중에는 더 어린 아이가 "엄마, 기저귀 갈아 달란 말이야!"라고 말할지도 모르겠네요.

마음에 드는 물건을 보면 바로
"사 줘~!"라며 떼를 쓰는 아들 녀석.
어느 날, 기념품 판매대에서 신기한 펜을 발견하고는
역시나 "사 줘~!"라고 떼를 쓰기 시작. "안 돼!"라고
그 자리에서 잘라 말하자 아들 녀석의 한마디.

> "아쿠타가와 문학상* 탈 테니까,
> 사 줘!!!"

여기서 아쿠타가와 문학상이 웬 말?

만 12세・남아

하스이 코멘트

만약에 백화점에서 "이거 사 줘, 사 줘~!. 아쿠타가와 문학상 받을 테니까."라며 바둥거리는 아이가 있다면 사 주고 싶어질 것 같아요. 순간적으로 나온 말이 '노벨상'도 아니고 '아카데미상'도 아닌 '아쿠타가와 문학상'이라니, 엄청나게 센스 있네요. 정말 어마어마한 아이예요.

* 일본의 소설가 아쿠타가와 류노스케(1892-1927)를 기념하는 신인상.

제4장 왠지 응원해 주고 싶어!

중학생이 된 아들 녀석은 언제부터인가
건방진 말들을 쏟아냈어요.
자꾸 이래저래 변명만 늘어놨죠. 너무 어이가 없어서,
"이 시기에는 어쩔 수 없는 건가."
라고 말하자, 아들 녀석의 한마디.

"어허, 나 변식기잖아!"

그거, '반항기'거든!

만 14세 · 남아

히스이 코멘트

"어허, 나."까지는 멋있었는데, 역시나 한 방이 있었네요. 어쨌든, 사춘기라는 게 얼토당토않은 말을 하는 시기이기도 하니까요. "어허, 나 농번기니까."라고 안 한 게 어디에요.

제4장 왠지 응원해 주고 싶어!

바로 저, 히스이의 아들 녀석이
초등학교 5학년 때 한 말이에요.
과자를 먹어서 입 주변에 설탕이 잔뜩 묻어 있길래,
"입 주변에 설탕 붙어서 지저분해!"
라고 아내가 한소리 했죠.
하지만 아들 녀석은 이렇게 대꾸하더군요.

"이건 비상식량이야!"

"……."

히스이 코멘트

역시 세상 바라보는 방법을 사람들에게 알리는 일을 업으로 삼고 있는 히스이 고타로의 아들다운 한마디였어요. 입 주변에 묻은 설탕을 '비상식량'이라니. 그리고 옷에 묻어 버린 케첩은 '단풍'이라고 한답니다. ^^

8 우리 집 이야기 — 만점은 별이 가득한 하늘이면 돼

아들 녀석이 초등학교 3학년이었을 때, 같이 자려고 이불에 들어갔다가 말도 안 되는 사실을 알게 됐어요.

"아빠, 수학 시험에서 10점 받았는데……. 10점 만점이라고 그 밑에 써 두면 엄마한테 안 혼나지 않을까?"

"있지, 시험은 100점 만점이야. 바로 들통날 테니까 안 그러는 게 좋을 것 같아."

"아, 그래~? 전에도 30점 받았을 때, 0을 하나 더 써서 300점 만들었었거든. 그때도 엄마가 바로 알아차렸겠네?"

아들아, 이미 그렇게 했던 거니…….

저는 녀석의 머리를 쓰다듬으며 이렇게 말했습니다.

"아빠는 네가 몇 점을 받더라도 너무 사랑스럽단다."

저는 인생이라는 게 100점 만점을 지향하는 여행이 아니라고 생각합니다. 지금 30점이라면 30점으로 어떻게 신 나게 살아 낼 것인지, 그것이 인생의 '메인 테마'가 아닐까요.

아카시야 산마(일본의 유명한 배우이자 코미디언, MC) 씨가 말한 대로예요.

"만점은 별이 가득한 하늘로 충분해요."

현재의 자신을 있는 그대로 받아들이는 것!

그것이 본연의 삶의 방식이라고 생각해요. 부족한 부분도 모두 소중한 개성이고요.

덧붙여서 "히스이 씨는 아이들에게 화날 때가 없나요?"라는 질문을 자주 받는데요. 네, 없어요. 첫째 딸이 태어난 후 지금까지 15년 동안, 또 아들이 태어난 후 지금까지 12년 동안, 솔직히 말하자면 한 번도 없었어요.

왜 그런지 생각해 보면, 아이들은 제가 있는 곳으로 와 준 신(神)이라고 생각하는 게 큰 이유인 것 같아요.

그렇게 생각하면 우선 감사할 수 있게 돼요. 거기에 있어 주는 것만으로 감사하는 마음으로 아이들을 마주할 수 있게 되는 거죠. 그리고 그것이 바로 산마 씨의 유명한 명언, "살아 있기만 해도 남는 장사."라는 마음가짐이기도 해요.

상대방을 신이라고 생각해요.

그것은 아이의 미래에 대해 왈가왈부하지 않고 신뢰하는 일이기도 합니다. 다른 예를 들어 보자면, 강의 흐름을 신뢰하는 느낌이라고나 할 수 있을까요.

강에는 급류가 흐르는 곳도 있습니다. 구불구불해서 물의 양이 줄어드는 곳도 있고, 흐름이 정체되는 곳도 있죠. 하지만 이런 곳들이 한데 모여 강을 이룹니다. 그리고 마지막에 강은 정확히 바다로 흘러가요. 그것을 믿고 지켜보는 느낌이에요. 그렇다고 아이들에게 마냥 좋은 말만 하는 것은 아닙니다. 필요한 경우에는 화를 내지 않고 말합니다. 작은 신이라고 생각하고, 친절하게 주의를 시키는 것이죠. 상대방을 새로 온 신이라고 생각하면 제 마음이 너그러워집니다.^^ 계속 너그럽게 대하다 보면 그 너그러움이 저에게 다시 돌아오고요.

건넨 것이 돌아오는 것.

이것은 우주의 진리라고 생각합니다.

9 대스타가 여기에 있었네!

어느 텔레비전 방송에서 '킨짱'으로 불리는 하기모토 킨이치 씨(일본의 코미디언)가 한 이야기입니다.

킨짱이 15살 소년에게 무엇을 좋아하느냐고 물었습니다. 그러자 소년은 이렇게 대답했습니다.

"엄마가 만든 유부 초밥이요."

이를 들은 킨짱은 "대스타가 여기에 있었네."라며 야단법석이었다고 합니다. "엄마가 만든 유부 초밥." 이 대답에 왜 킨짱은 그렇게 흥분을 했던 걸까요…….

"이 나이대의 소년에게 '좋아하는 것'을 물어보면 보통 먹을 거라든지, 혹은 재능이 있는 아이라면 '댄스'라고 말할지도 모르겠어요. 그런데 거기서 '엄마'라는 말이 나오면 깜짝 놀라겠죠. 게다가 '유부 초밥'이라는 말을 덧붙였다는 게 보통이 아닌 거죠.

(중략)

　엄마가 열심히 유부 초밥을 만드는 모습을 분명 아이에게 보여 줬을 거예요. 단순하게 유부 초밥이라고만 한 게 아니라, '엄마가 만든'이라고 콕 집어서 말할 줄이야. 그리고 아직 어린데도 집안에서 확실하게 좋아하는 걸 찾았다는 점도 또한, 말도 안 되는 일이라고 생각해요."

　그리고 6년 후, 킨짱의 예언대로 됐습니다. 그 소년은 여성지 《anan》의 인기남 순위에서 1위로 뽑히게 됩니다. 그 소년의 이름은 기무라 타쿠야(일본의 인기 가수이자 배우). 그 후 15년 연속으로 1위를 차지했어요.

　이번엔, 우리 아들 녀석 이야기인데요.
　처음으로 아내가 만든 그라탱(gratin)을 먹었을 때, 아들은 "엄마, 이게 뭐야?"라며 엄청나게 흥분을 했더랬죠. 그라탱 맛이 입에 딱 맞았던 모양입니다. "이렇게 좋아할 줄이야!"라며 아내도 몹시 기뻐했어요.
　저는 "지금까지 먹었던 것 중에 제일 맛있었어?"라고 물어보았어요. 아들 녀석은 여전히 그라탱 맛에 흠뻑 빠져 몸을 비비 꼬면서 손가락으로 2등, 2등이라고 말하고 있었습니다.

"그럼 1등은 뭐야?"

그러자 아들은,

"감 씨 과자*!"

얼굴이 진지한 게 농담은 아닌 듯했죠.

"1등은 '감 씨 과자'라고?"

김빠져 하는 아내를 웃으며 바라보면서, 저는 "대스타가 여기에 있었네!"라며 야단법석을 떨었답니다.

• 참고 도서 : 萩本 欽一, ユーモアで行こう! (ロングセラーズ, 2012)

*감의 씨 모양으로 생긴 일본의 국민(?) 과자.

인생에 무의미한 일은 없어

아직 아들이 초등학교 저학년이고 혼자서 엉덩이를 닦을 수 없었을 때, 매일 아침 제가 아들의 엉덩이를 닦아 주었어요.

"나왔어~~~~~!"

아들의 외침을 신호로 화장실로 뛰어가는데, 어느 날 아들 녀석이 이런 말을 꺼내는 겁니다.

"아빠, 항상 '나왔어!'라는 말이 신호이긴 한데, 바꿔도 괜찮아?"

"응, 신호 변경인 거야? 오케이. 새 신호는 뭐야?"

"앞으론 응가 다하면 '티니♪ 티니♪'라고 할게."

"티니, 티니? 뭐야, 그게?"

"그냥 왠지 그러고 싶어서, 아빠."

아들은 언제나, '그냥 왠지'라는 기분을 소중히 여기고 있어요. 그래서 아들이 화장실에서 "티니♪ 티니♪"라고 하면, 제가 "옛 썰(Yes sir)!" 하고 뛰어가는 아침이 시작되었습니다.

"티니♪ 티니♪"
"옛 썰!"

"티니♪ 티니♪"
"옛 썰!"

"티니♪ 티니♪"
"옛 썰!"

"티니♪ 티니♪"
"옛 썰!"

옆집 사람이 듣는다면, '도대체 뭐 하고 있는 거지?'라고 생각하겠죠. 뭐, 그런 건 둘째치고, 조셉 머피*는 이렇게 말했어요.

"인생에 무의미한 일이라는 건 일절 존재하지 않습니다. 당시에는 무의미하다고 생각되더라도, 언젠가 도움이 될 일이 분명히 있습니다."

"티니♪ 티니♪"
"옛 썰!"
언젠가 우리의 인생에 도움이 되는 일이 분명히 있을 거라 믿으며…….

* 1898~1981. 아일랜드 태생의 성직자이자 교육자, 저술가.

 '과거'는 '지나간다'

어느 날 밤, 집에 들어가니 아내는 자고 있었습니다. 하지만 항상 같이 자고 있어야 할 아이들이 깨어 있었어요. 아이들은 테이블에서 뭔가를 묵묵히 만들고 있었는데요. 얼마 안 있으면 아내 생일이라 엄마 몰래 선물을 만들고 있었던 거였어요.

깜짝 생일 선물이구나!

좋아, 좋아.

아내의 생일날, 집에 가니 서프라이즈 파티가 기다리고 있었습니다.

"엄마, 생일 축하해!!! 선물 준비했어!"

딸아이는 직접 만든 티슈 케이스를 건넸고, 저는 쥬카(일본의 의류 브랜드, zucca)의 셔츠를 선물했어요. 그리고 아들 녀석의 차례가 됐죠.

"……"

"응? 왜 그래?"

아들 녀석은 뭔가 복잡한 표정으로 아무 말도 하지 않았습니다.

"왜 그래? 왜 그래?"

라고 묻자, 아들 녀석은……

"엄마 생일 선물, 어디에다 뒀는지 까먹었어……."

저는 풀이 죽은 아들 녀석의 머리를 쓰다듬어 주었습니다. 아들아, 이 아빠에게는 네가 엄마 선물 어디에 뒀는지 까먹은 게 올해 가장 큰 깜짝 선물이란다.

1년 전의 고민을 기억하는 사람은 100명 중의 2~3명 정도라고 해요. 즉, 고민은 대부분 1년 후에는 잊힌다는 말인데요, 아들 녀석의 경우는 뭐가 됐든 이틀 안에 잊어버린다는 걸 이번에 알 수 있었죠.

'과거(過去)'라는 단어에는 '지나쳐 가다'라는 의미가 들어 있는데요, 지나간 것은 툭툭 털어 버리면 되는 거예요.

그것도 이틀 안에 말이죠. ^^

 # 바람을 맞으며

　아들 녀석이 초등학교 5학년 때 가장 좋아했던 것은 맥도날드(McDonald's)의 '데리야키 맥버거'였어요.
　반면에 저는 KFC의 '치킨휠레 샌드'를 좋아했고요. 맨 처음 먹었던 패스트푸드가 치킨휠레 샌드였기도 했고, 그 맛에 충격을 받아 한동안 영수증을 소중하게 책상 안에 보관했을 정도였죠.
　그러던 어느 날. 아들 녀석이 맥도날드에 가고 싶어 하길래, 저는 아들 녀석에게 이렇게 말했습니다.

　"있잖아, 데리야키 버거를 좋아하는 건 알겠는데, KFC의 치킨휠레 샌드는 한 번도 먹어본 적 없지? 치킨휠레는 아예 안 먹고, 데리야키만 먹고 싶어 하는 것도 아빠는 좀 별로인 것 같아."

　뭐, 가만히 생각해 보면 애당초 이렇게 말하는 것 자체가 별로인 것 같긴 했어요. ^^

"우선 오늘은 데리야키 맥버거 말고, 치킨휠레 샌드 한 번 먹어보지 않을래?"

라며 아들 녀석을 KFC에 데려갔는데요, 치킨휠레 샌드를 한 입 베어 물자마자 아들 녀석은 그대로 얼어버리더군요.

"아, 아, 아빠, 뭐야, 이거!!!!!!"

"그치? 그치? 그치? 맛있지?"

"아빠, 그냥 맛있는 정도가 아니야!"

"그치? 맥도날드 데리야키 맥버거보다 더 맛있지? 1등으로 맛있지?"

그렇게 물으니 아들 녀석은 "맛있어, 맛있어!"라며 야단법석을 떨면서도 검지와 중지로 2등이라는 신호를 보내더라고요.

"음, 아빠. 데리야키 맥버거보다 치킨휠레 샌드가 확실히 더 맛있어. 그래도 종합해 보면 1등이 아니라 역시 2등이야."

"왜? 맛으로는 1등 아니야?"

"엄마 차를 타고 맥도날드 드라이브 스루에서 햄버거를 사서, 차 안에서 창문 내리고 바람 맞으면서 먹는 데는 데리야키 맥버거가 최고거든."

바람을 맞으면, 데리야키 맥버거가 더 맛있다는 뜻인 것 같아요. ^^

오감을 모두 동원해서 맛을 보는 것. 그것이 아이들의 마음인 거겠죠.

어른이 되면, 바람마저 그다지 의식을 하지 않게 되는데, 아이들에게는 바람도 소중한가 봅니다. 그래서 미야자키 하야오(애니메이션 감독) 씨의 애니메이션에서도 중요한 장면에서는 바람이 불어요. 그러고 보니, 밥 딜런도 이렇게 노래했었죠.

"데리야키는 바람 속에~."

아, 이게 아닌가요.

"답은 흩날리는 바람 속에(The answer is blowing in the wind)~."

제5장

어이쿠, 뜨끔!

제5장 어이쿠, 뜨끔!

3년간 신세를 진 어린이집 선생님이 바뀌게 되었어요.
딸아이가 울기에 "많이 서운해?"라고 물었더니
이런 대답이 돌아오네요.

> "아니야,
> 선생님한테 고마운 마음에
> 울음이 나왔어."

만 4세 • 여아

히스이 코멘트

감사(感謝)라는 단어의 '사(謝)' 자에는 '사죄하다.', '부끄러워하다.'라는 뜻도 들어 있어요. '고마워요.'라는 의미 안에 '미안해요.'도 포함되어 있는 거죠. 마찬가지로 아쉬움이나 쓸쓸함에도 '고마워요.'라는 의미가 포함되어 있어요. '고마워요.'는 어떤 상황에서든 존재한다는 사실을 기억나게 해 줘서 고마워요.

출산 후, 육아에 지쳐 울적해진 마음에
줄곧 울어대던 매일. 이제는 한계라고 생각했을 때
딸아이가 해 준 말.

"받아들여.
웃으면서 믿어 봐."

도저히 아이의 입에서 나올 말이 아니었기에
여전히 웃지 못하고 놀라고 있는데,
딸아이의 또 다른 한마디.

"이해하려고 하지 마. 그냥 웃어."

만 3세 • 여아

히스이 코멘트

아이들은 엄마를 지키기 위해 태어난다고 해요. 그래서 아이들은 분명히 눈에 보이는 형태로 이 세상에 존재하는 수호신 같은 거죠. 받아들여요. 그리고 웃으며 믿어 보자고요. 인생을 말이에요.

제5장 어이쿠, 뜨끔!

어느 날, 잠들기 전.
"엄마 아빠의 아이로 태어나 줘서 고마워."라고 했더니,
갓 2살이 된 딸아이가 갑자기

"선물!"

이라고 말해서 깜짝 놀랐어요.
자신이 엄마 아빠에게 온 선물이란 사실을
알고 있었던 걸까요?

만 2세・여아

이거, 아이의 처지에서 본다면 이번에는 엄마 아빠가 최고의 선물이 되겠네요. 자기 자신은 절대 일으킬 수 없는 기적, 그건 바로 태어나는 기적일 거예요. 세상에 나를 태어나게 해 준 기적을 일으킬 수 있는 건 바로 우리 부모님뿐이죠. 부모와 자식의 관계는 어느 쪽에서 보더라도 서로에게 선물이라고 생각해요. 나는 당신의 선물, 당신은 나의 선물.

제5장 어이쿠, 뜨끔!

4살 딸아이와 3살 쌍둥이 아들 녀석들의 간식 시간.
평소에는 세 명이 사이 좋게 나눠 먹을 수 있게
제가 공평하게 나누어 주었죠.
그러던 어느 날,
"오늘은 너희가 직접 나눠 먹어." 하고
다섯 개의 작은 과자가 들어 있는
과자 한 봉지를 아이들에게 건넸어요.
한 개씩 나눠도 두 개가 남고,
두 개씩 나누면 하나가 부족했죠.
최근에 배운 가위바위보로 정하려나 싶어서
흥미진진하게 지켜보고 있자니,
딸아이가 생긋 웃으며 남은 두 개의 과자를 들고
불단으로 향했어요.

"이건 언니 거."

라며 작은 손을 모으고 기도를 올리더군요.

실은 심장병으로 먼저 세상을 떠난 큰딸이 있었는데,
그 불단 앞에서 손을 모으고 기도를 올린 거였어요.

가만히 바라보던 쌍둥이들도
"큰누나를 잊고 있었네."라며 생긋 웃고는
과자를 먹었습니다.
자기들보다 더 어린 아기일 때의 사진밖에 본 적이 없지만,
아이들에게는 여전히 언니와 누나였던 거죠.
또 하늘나라에서 딸아이가
여동생과 남동생들 싸우지 말라고
보살펴 줬다는 생각에
너무나도 감동했던 일이었습니다.

만 4세 • 여아

하스이 코멘트

아이들은 부모들이 '한 말'을 잘 지키지 않아요. 하지만 부모들이 '한 일'은 흉내를 내죠. 분명 하늘나라로 떠난 자녀분의 불단에 엄마가 열심히 기도하는 모습을 보고 배웠을 거예요. 평소 아이들이 그 모습에 감동했었기에 그렇게 행동했을 거라고 생각해요.

제5장　어이쿠, 뜨끔!

아침 식사를 준비하면서
"빨리빨리, 시간 없어."라고 재촉하자
아들 녀석이 이렇게 한마디 하더군요.

"왜 엄마는 항상
시간이 없는 걸까.
내 시간은
이렇게 많은데."

만 3세 · 남아

상대성 이론을 발견한 아인슈타인은 이렇게 말했습니다. "뜨거운 난로 위에 1분간 손을 올려놔 보세요. 마치 1시간처럼 느껴질 거예요. 하지만 아름다운 여자와 1시간 동안 같이 앉아 있다면 그 1시간이 1분처럼 느껴지겠죠. 그것이 '상대성'이라는 것입니다."라고요. 그래요. 시간은 마음이 만들어 내는 거예요. 그렇기에 사람에 따라 상대적인 거죠. 그리고 아이들의 마음은 항상 지금 여기에 있고, 과거나 미래에 대해 쓸데없이 걱정하지 않기 때문에 시간이 많은 거예요.

지금까지는 '돈부자'가 대접을 받았어요. 하지만 앞으로는 '시간 부자'가 대접받는 날이 올 거예요.

제5장 어이쿠, 뜨끔!

아들 녀석이 텔레비전을 보며
"고마워, 고마워."라고 말하고 있길래
"무슨 일이야?"라고 물으니 이렇게 대답하네요.

"이 텔레비전은 항상
내가 제일 좋아하는
가면라이더를 보여 주니까
고맙다고 말하고 있었어."

만 6세·남아

히스이 코멘트

이런 일에까지 감사를 할 수 있는 거군요. 저도 잊어버리지 않고 감사해 놔야겠어요. "냉장고야, 내가 제일 좋아하는 모나카* 아이스크림을 항상 잘 얼려 줘서 고마워."

*모나카(もなか). 찹쌀가루 반죽을 얇게 밀어 구운 것에 팥소를 넣은 과자.

아들 녀석이 어느 날, 이렇게 말하는 거예요.
"몇 년이고 계속 살아 있어. 이미 늙었는데도
그 넓은 등에 인간을 몇 명이나 업고 있어.

얼마나 무거울까.
지구의 어깨를
주물러 주고 싶어.

고마워, 지구야."

만 9세 · 남아

히스이 코멘트

어른들은 지구의 환경을 파괴하고 있는데도, 아이들은 지구의 어깨를 주물러 주고 싶다고 생각하는 거네요. 진심으로 아이들을 보고 배우고 싶어요.

제5장 어이쿠, 뜨끔!

어느 날, 딸아이와 "크면 뭐가 되고 싶어?"라며
이야기꽃을 피우고 있었습니다.
딸 "나, 파일럿이 되고 싶어!"
엄마 "오, 비행기 좋아. 외국 같은 데도 나가고."
딸 "그럼, 엄마는 크면 뭐가 되고 싶어?"
엄마 "응? 나? 크면?"

**그래, 나한테도 여전히
미래가 있는 거였어!**

할 말을 잃고 저도 모르게 울먹인 적이 있었어요.

만 5세 · 여아

하스이 코멘트

100세를 넘긴 나이로 유명해진 이즈미 시게치오 씨는 언론 취재 중, "어떤 타입의 여성을 좋아하세요?"라는 질문을 받고 이렇게 대답했어요.
"나는 연상의 여인이 좋아."
100년을 넘게 산다고 해도 희망이나 미래, 취향은 여전히 존재하죠.
하지만 그때 일본에 이즈미 씨보다 나이가 많은 여성분은 안 계셨다고 하네요. ^^

제5장 어이쿠, 뜨끔!

아이와 함께 차 안에서 석양을 보고 있었습니다.
"노을이 예쁘네."라고 하자 아이는,

> "우와, 해님!
> 오늘도 고마웠어요.
> 내일도 잘 부탁해요!"

특별할 것 없는 일상 속에서,
당연한 것처럼 떠올랐다 지는 태양에게
이렇게 감사하는 마음을 가질 수 있다는 것.
정말 멋진 일이라 깜짝 놀랐답니다.

만 4세 • 남아

수학을 잘하는 것보다도, 국어를 잘하는 것보다도, 자연에 감사할 줄 아는 감성이야말로 무엇보다 대단한 것 같아요. 옛날 일본 사람들은 해님이 보살펴 주고 있다고, 항상 마음으로 해님을 느끼고 해님에게 두 손 모아 기도 드리며 살아왔어요. 그런 감성이 지금 우리에게도 남아있는 거겠죠. 해님은 우리를 단지 지켜보기만 하는 게 아니에요. 항상 지켜 주고 있는 거예요.

제5장 어이쿠, 뜨끔!

맥도날드에 갔을 때의 일이에요.
밖으로 나오려는데 마침 젊은이들 대여섯 명이
들어오려고 하기에 초등학교 5학년인 딸아이는
문을 잡아 주며 젊은이들이 들어오는 것을 도왔습니다.
하지만 젊은이들은 고맙다는 인사 한마디 없이
그냥 지나갈 뿐이었죠.
그러자 딸아이의 한마디.

> "요즘 젊은 사람들은
> 인사 하나 제대로 못 하네.

이래서 요즘 젊은 사람들이라는 말을 듣는 거야.
고맙다는 말이 얼마나 중요한데……."

초5 · 여아

히스이 코멘트

제 친구가 학교 선생님 일을 그만두었습니다. 아이들을 교육하는 일이 물론 중요하지만, 부모(어른)가 바뀌면 아이들도 바뀐다는 점을 깨달았기 때문이라고 합니다. 그래서 지금은 어른 교육에도 힘쓰고 있습니다. 멋진 어른이 늘어나면 아이들도 바로 보고 배워서 변하겠지요.
우리 함께 멋진 어른이 되어 보지 않으시겠어요? 아이들을 위해서 말이죠. 그리고 이 별, 지구를 위해서요. 당신이 바뀌면, 세상이 달라질 거예요.

제5장 어이쿠, 뜨끔!

조카 아이와 백화점에서 개최하는 작품전에 갔어요.
전시회장에 들어서자마자 조카 아이가
"우와, 아름다워!"라고 말하는 겁니다.
"어떤 게 제일 아름다워?"라고 묻자
눈을 감고 대답하네요.

"전~부 아름다워요."

조카 아이의 이 말에 정신이 번뜩 드는 것 같았어요.
맞아요. 이 세상에 존재하는 모든 것들은 아름다워요.

만 3세·남아

히스이 코멘트

저도 항상 아이들에게 물어보곤 합니다. "어떤 게?"라고요. 하지만 이 말 자체가 어른들의 발상에서 나온 거라는 생각이 들어요.

초등학교에서 집으로 돌아온 아들 녀석이
이런저런 이야기를 하기 시작했는데요,
저는 내내 컴퓨터 모니터만 쳐다보면서 건성건성
대답하고 있었습니다. 그러자, 아들 녀석의 한마디.
"엄마, 듣고 있는 거야?

**지금 내가 세상에서
가장 중요한 말을
하고 있는지도 모른다고!"**

이 말에 깜짝 놀랐답니다.

만 6세 · 남아

맞아요, 맞아! 무엇을 하든, 어디에 있든, 누구와 있든 간에 지금 이 순간이야말로 세상에서 가장 중요한 때인 거예요. 아이들에게 중요하지 않은 순간이란 건 없어요.

제5장 어이쿠, 뜨끔!

다른 이의 한마디에 상처받아 주눅이 들어 있었어요.
그런 저에게 아들 녀석이 건넨 충고 한마디.

"엄마는 있잖아, 좀 더 흘려 들을 필요가 있어.
나 좀 보고 배워 봐. 모두 날 너무 혼내니까

전혀 귀담아듣지 않거든.

이거 엄청나게 편해."

"그래, 고마워. 엄마가 보고 배워야겠다.
그런데, 보자……. 그럼 너, 엄마가 했던
잔소리도 거의 안 들었다는 거야?"
"응. 흘려 듣다 보면 말이야,
생각보다 빨리 끝나더라고?"

만 12세 · 남아

하스이 코멘트

야단맞고 풀 죽어 있는 전국의 여러분께 꼭 이 메시지를 전해드리고 싶군요. ^^

제5장 어이쿠, 뜨끔!

감기 기운이 있어 소파에 누워 있을 때
있었던 일입니다. 아들 녀석이 제 이마에
자신의 이마를 가져다 대는 겁니다.

나 "감기 옮을 수 있으니까 좀 떨어져 있으렴."
아들 "바로 그거야!

> 나한테 옮겨.
> 내가 아빠의
> 감기약이 될게."

나 "……."
아들 "어린이는 '바람의 자식(風の子)*'이라는
속담도 있잖아."
나 "그 바람이 감기랑 같으냐!"
옆에서 듣고 있던 아내도 실컷 웃더군요.

초4 · 남아

* 어린이는 바람의 자식(子供は風の子, 아이들은 찬바람 속에서도 잘 뛰어다니며 논다는 뜻).
  일본어로 바람을 뜻하는 '카제(風)'는 감기라는 뜻의 '카제(風邪)'와 발음이 같다.

히스이 코멘트

이 아이한테는 정말 반할 수밖에 없네요. 하지만 어른도 이에 지지 않아요. 매년 1월 1일, 동서남북 사방을 향해서 이렇게 기도하는 분도 있거든요.
"올해 만약 일본에서 재앙이 일어날 거라면, 먼저 내 몸을 통과하게 해 주십시오."라고요.
이렇게 기도하는 사람은 바로 '덴노(일본의 국왕)'입니다. 1월 1일 아침에 일본 궁중에서 행해지는 의식이지요. 일본 국민을 대신해 자신이 불행을 짊어지겠다고 기도하는 겁니다.

제5장 　어이쿠, 뜨끔!

"나, 사라짱은 말이야.
엄마를 도와주려고 이 세상에 태어났어.
천국에서 말이야, 모두 나란히 서 있었는데

> 내가 막 달려서
> 다른 아이들을 제치고
> 엄마한테 일등으로
> 온 거야."

"오, 어떻게 기억하고 있는 거야?"
"기억을 지울 때 있잖아.
헬멧 같은 걸 써야 하는데,
다 지우기 전에 '끝났어요.'라고 빨리 말했어."

만 9세 · 여아

하스이 코멘트

아이들은 엄마를 도와주기 위해서 태어났다는 사연이 이번에도 많았어요. 정말로 그런지도 모르겠어요. 하지만 이번에 새로운 정보가 추가되었답니다. 엄마를 조금이라도 빨리 도와주고 싶은 마음에, 막 달려서 다른 아이들을 제치고 온 거요.
그렇게 생각하면서 아이들을 대한다면 조금 더 다정해질 수 있겠죠?

제5장 어이쿠, 뜨끔!

> **"빨리 커서, 누나를
> 목말 태워 주고 싶어."**

유원지에 놀러 가서 뒤쪽에서 쇼를 보고 있을 때,
3살짜리 아들 녀석이 6살 누나에게 한 말이에요.
우리 집은 아빠 없이 저 혼자 아이들을 키우고 있기에,
아빠의 목말을 타고 높은 곳에서 쇼를 보는 아이가
부러웠을 거예요.
그래도 남동생이 목말을 태울 수 있는 어른이 됐을 때는,
누나도 이미 어른일 텐데…….

만 3세 · 남아

아빠가 없다는 그 '허전함'에서 가족을 위하는 '따스함'이 생겨난 거네요. 정말 너무 감동적이에요.

제5장 어이쿠, 뜨끔!

딸아이가 유치원에 다닐 무렵, 바다에서 임연수어 한 마리를 잡았습니다. 아직 살아 있어서 아이스박스에 바닷물을 넣고 그 안에 넣어 두었습니다. 딸아이는 "귀여워."라며 바라보곤 했었는데요, 얼마 안 가 물고기는 죽고 말았습니다. 죽은 임연수어를 본 딸아이의 한마디.

"이제 맛있게 먹으면 되겠네."

이게 바로 물고기를 기리는 가장 좋은 공양(供養)이자 감사하는 방법이라는 생각이 들었습니다.

유치원생·여아

히스이 코멘트

왜 수저받침이 있는지 배운 적이 있어요. 바로 '공양'을 위해서라고 합니다. 이것저것 한번에 먹지 않고, 젓가락을 놓고 하나하나 확실히 맛보기 위한 것. 한 생명이 다른 생명의 희생을 통해 유지되는 것이 현실이라면, 확실히 감사하며 맛을 보는 것. 이것이 바로 공양이라고 말이죠. 이 아이는 그 점을 이해하고 있었나 봅니다.

아내와 부부 싸움 후에 혼자서
고타쓰(일본식 난방 탁자)에 들어가 있는데, 아들 녀석이
무릎에 앉아 귓가에 이렇게 소곤거리는 겁니다.

"아빠, 싸움만 하면
하느님이 옆에서 떠나가
버리니까 싸우면 안 돼."

그러고는 아무 일도 없었다는 듯이
텔레비전을 보러 가더군요.

만 4세 · 남아

하스이 코멘트

4살짜리 아이가 그런 말을 귓가에 속삭이면 두 손 두 발 다 들 수밖에 없을 것 같아요. 독일의 문호 괴테는 '인간의 가장 큰 죄는 언짢은 기분으로 있는 것.'이라고 했어요. 항상 언짢은 기분을 드러낸다면, 주위 사람들은 물론 하느님도 싫어할 거예요. 반대로, 기분 좋은 상태를 유지하는 것이 그 어떤 일보다 멋지다는 뜻이겠지요.

리코더 사건 1

아이들의 공개 수업을 참관하러 다녀왔습니다. 딸아이는 실수 없이 잘 해냈기에 문제가 없었죠. 자, 남은 건 아들 녀석. 아들 녀석은 음악 수업 시간에 리코더를 불고 있었습니다. 공부 못하지, 체육도 못하지. 그래도 '음악은 잘할 수 있을 거야!'라고 생각하는 게 부모 마음 아니겠어요. 그리고 드디어 리코더 수업. 아들 녀석이 가장 뒤에 앉아 있기도 해서 꼼꼼히 지켜볼 수 있었는데, 아들 녀석과 다른 친구들의 손가락이 다르게 움직이는 겁니다. 미묘하게 다른 게 아니라 아예 대놓고 달랐죠.

어, 이상하다…….

수업이 끝난 후, 저는 아들에게 물었습니다.

"너, 리코더 아예 못 불었던 거지?"

**"응, 아빠. 나 있잖아……,
'시-'밖에 못 불거든."**

"'시-'밖에 못 분다고!? 그럼 선생님께 혼났겠네?"

"괜찮아, 아빠. 적당히 손가락 움직이고, 기분 좋은 얼굴로 불고 있으면 의외로 안 걸려."

'도-'밖에 못 분다면 이해하겠는데 왜 하필 '시-'일까 하는 의문이 꼬리를 물었지만, 가만히 생각해 보니 리코더를 부는 목적은 음악을 즐기려는 것이고, 기분 좋게 인생을 살아가기 위한 것이잖아요? 하지만 아들 녀석은 리코더를 불지 못해도 이미 기분 좋게 살아가고 있는 거였죠.

'시-'밖에 못 분다고 해도 바로 행복해질 수 있는 아들 녀석.

행복해지는 데 조건은 필요 없어!

아들이 그렇게 가르쳐 준 것 같은 느낌이 드는데, 기분 탓인 걸까요. ^^

추신 : *아들에게.*
선생님께 안 걸린 게 아니라, 선생님은 단지 어이가 없으신 걸 거야.

리코더 사건 2

　드디어, 문제의 그날이 됐습니다. 아들 녀석이 잘 불지 못하는 리코더 시험 보는 날이요.
　'시-'밖에 못 부는 아들 녀석이 리코더 시험을 어떻게 잘 헤쳐 나갈 것인지, 저는 흥미진진해졌습니다. 시험은 한 명 한 명씩 선생님 앞에서 불기 때문에 절대 어물쩍 넘어갈 수가 없거든요. 드디어 리코더 시험을 마치고, 아들 녀석이 씩씩하게 집으로 돌아왔습니다.
　"리코더 시험 어땠어?"
　"완벽했지!"
　"뭐, 완벽했다고? 너, 그새 연습한 거야!?"

"응. 완벽했어, 아빠.
완벽하게 못 불었어!"

　이 말에 우리 집 식구들은 모두 빵 터졌답니다. 리코더를 완벽하게 잘 불었다면 기뻐하는 건 선생님, 리코더를 완벽하게 못 불어서 박장대소한 건 반 친구들과 우리 부부와 누나.

아들아, 너는 자신을 희생해서 모두를 웃음 짓게 하려고 이렇게 우리 옆에 있어 주는 거였구나. 테레사 수녀님도 놀라실 박애 정신이야. 이것도 내 기분 탓인가? ^^

그렇다고 해도, 리코더를 전혀 불 수 없다는 사실이 알려진 이상 아들 녀석은 재시험을 봐야만 했습니다.

선생님께서 "누나한테 확실하게 배워서 오세요."라고 말씀하셔서 아들 녀석은 집에서 연습하는 듯했습니다.

집에 돌아온 저는 아들 녀석에게 물었습니다.

"리코더 어때? '시-' 말고도 불 수 있어?"
"응, 아빠. 겨우 '아-' 도 불 수 있게 됐어."

"아!?"

리코더에 '아-'가 웬 말. 리코더는 '아에이오우'가 아니라, '도레미파솔라시도'잖아요. 괜찮아. 아직 재시험까지 시간은 있어. 누나가 가르쳐 주고 있으니까 재시험 날에는 불 수 있겠지…….

그리고 드디어 재시험 날. 아들 녀석은 평소처럼 씩씩하게 학교로 향했습니다. '이번에는 잘 불겠지.' 내심 기대하며 저도 일하러 나가려던 그 순간.

이럴 수가!!!!!!

아들 녀석 책상 위에 리코더가 놓여 있었습니다. '이 녀석, 리코더 가져가는 걸 까먹었어……!' 저는 애니메이션 〈스누피〉 속 명언을 떠올렸습니다.

"인생은 아이스크림 같은 거야. 핥아먹는 법부터 배워야 하거든!"

by 찰리 브라운

 흥행 비결

할리우드에서 공부한, 일본 유일의 '스토리 애널리스트(스토리나 대본을 분석 평가하는 사람)'인 오카다 이사오 씨는 영화 〈굿'바이(Good & Bye)〉가 상연되기 전에 '이 영화는 흥행한다.'라고 간파한 인물입니다. 영화를 보지 않고 홍보물만 본 시점에서 벌써 그렇게 예상했다고 해요. 다른 작품에서는 절대 찾아볼 수 없는 '갭(gap)'이라는 게 숨겨져 있었다나요.

우리는 죽음을 무서운 것, 두려운 것, 불안한 것이라고 인식하고 있습니다. 하지만 영화 〈굿'바이〉는 '아름다운 죽음'을 그렸습니다. '아름다움 × 죽음', 바로 여기에 갭이 존재했던 것입니다.

그러면, 이번에는 갭과 관련된 제 이야기를 해 볼게요.
어느 날, 방에서 책을 집필하고 있는데 아들 녀석이 문을 박차고 뛰어들어 오더군요.

덧붙이자면, 그때 아들은
빨간색 점퍼에
녹색 스웨터,
노란색 야구 모자를 쓰고
파란색 바지를 입고 있었습니다.
아들 녀석은 제 방에 갑자기 뛰어들어 와서
이렇게 말하는 겁니다.
"아빠, 아빠!
봐봐, 봐봐! 나 어때?
컬러풀한 수상한 사람!"

…… 수상한데 컬러풀.
아들아, 그 갭은 정말 대박이구나!

제6장

눈물 나게 천진난만!

제6장 눈물 나게 천진난만!

아들 녀석이 목욕 후 발가벗은 채로 몇 번이고
계단을 오르락내리락하며 허둥대고 있길래,
"아까부터 옷도 안 입고 도대체 뭐 하는 거야?"라고 묻자,
"이것 좀 들어 봐, 들어 봐!

찰싹찰싹 소리가 나!"

라며 고추가 다리에 닿을 때 소리가 나는 것을
발견하고는 무척이나 즐거워했답니다.

만 12세 · 남아

하스이 코멘트

어린 시절에는 확실히 모든 일에 기뻐했던 것 같아요. 새 지우개 냄새라든지, 갓 산 책 냄새에 마음이 설레고, 새 노트에 맨 처음으로 글을 쓸 때는 가슴이 두근거렸어요. 새 샤프를 샀을 때는 일주일 정도 싱글벙글 계속 쳐다봤던 것 같고요. 찰싹찰싹도 분명히 한 것 같네요. ^^

증손자가 증조할머니 얼굴을
빤히 쳐다보더니 한마디.

"앗, 미로 같아!"

그리고 손가락으로 주름을
따라 그리며 놀기 시작했어요.
증손자라서 겨우 참을 수 있었던 장난이었답니다.

만 4세 • 남아

하스이 코멘트

아이들은 주름투성이 얼굴을 미로라 생각하고 손가락으로 따라 그리며 놀 수도 있군요. 무슨 일이든 놀이로 만들어 버리는 아이들, 정말 대단한 것 같아요.

제6장 눈물 나게 천진난만!

딸아이가 유치원에 처음 등원했을 때,
처음 만난 반 친구에게 건넨 한마디.

"같이 놀면,
그때부터
친구인 거야."

만 5세 · 여아

하스이 코멘트

어른이 되면 좀처럼 새로운 친구를 사귀기 쉽지 않을 거로 생각했었는데……. 맞아요, 같이 놀면 이미 친구인 거죠! 잊어버리고 있었네요. 벽은 스스로가 만들고 있었던 거예요.

자동차를 좋아하는 아들 녀석이
미니카의 머플러 부분을 손가락으로 가리키며
"여기서 뭐가 나오는 거야?"
라고 묻길래,
"자동차 배기가스가 나와."
라고 대답했더니 돌아오는 한마디.
"아니야.

아로마가 나오는 거야."

아, 이 얼마나 친환경적인 자동차인지!

만 3세 · 남아

히스이 코멘트

달리면 달릴수록 지구에 도움이 되는 자동차. 이런 아이디어는 지금까지 없었던 것 같아요. 자동차 회사 관계자 여러분, 이 아이디어로 22세기형 자동차를 반드시 만들어 주세요.

제6장 눈물 나게 천진난만!

보육 교사로 일한 지 3년 차. 아직 아이들의 마음을 알아채지 못하고, 잘난 척만 하고 있던 저. 말을 전혀 듣지 않는 남자아이를 혼내고 있었을 때의 일입니다.

나 "누가 잘못한 거야?"

아이 "선생님!"

나 "화내는 선생님이 잘못한 거야?"

아이 "응!"

나 "선생님이 뭘 잘못한 거야?"

아이 **"얼굴!"**

저도 모르게 힘이 빠져 웃고 말았어요.

만 4세 · 남아

히스이 코멘트

"선생님이 뭘 잘못한 거야?" "얼굴!"이라는 말을 들으면 보통은 더 화를 내고 싶어질 거예요. 하지만 거기서 상대방을 웃게 한다는 건 천진난만하기에 가능한 일이겠죠. 악의가 없기에, 설령 좋은 말이 아닐지라도 상대방의 마음을 환하게 만들 수 있다고 생각해요.

바지락 된장국을 한 모금 마신 후
아들 녀석의 한마디.

"응? 뭐지, 뭐지?
 이거 우주의 맛이 나는데!"

만 4세 · 남아

하스이 코멘트

'우주의 맛, 바지락 된장국!' 이거 나오면 잘 팔릴 것 같아요. ^^ 우리 집 아들 녀석도 이런 적이 있었죠. 레스토랑에서 나온 콜라를 한 모금 마시고 바로 소리치더군요.
"아빠!!! 이 콜라, 페페론치노* 맛이 나!"
절대 그럴 리 없어!
"아빠, 나 알아 버렸어. 콜라 만드는 법. 페페론치노를 갈아서 넣은 거야!"
절대 그거 갈아서 만든 거 아니라고!

*페페론치노(Peperoncino). 일명 이탈리아 고추. 작고 맵다.

제6장 눈물 나게 천진난만!

무턱대고 언니에게 시비를 거는 둘째 딸.
자기가 잘못했는데도,
"언니가 잘못한 거야! 왜 미안하다고 안 해?"라며
언니에게 사과하라고 하길래 왜 그러는지 물어봤어요.
그러자 굉장히 의외의 대답이 돌아오더군요.

"왜냐하면
'괜찮아, 용서해 줄게.' 라고
말하고 싶으니까!"

단지, "괜찮아."라고 용서해 주려고
싸움을 걸고 있을 줄이야!

만 3세 · 여아

히스이 코멘트

싸우는 이유가 '용서해 주고 싶어서.'라니. 아이들은 싸우는 데에도 사랑이 존재하는 거였네요.

유치원에서 있었던 일.

선생님 "이거 누구 거야? 이름 안 쓰여 있는데?"

아이들

"네, 어떤 거요? 냄새 맡아 볼래요!!"

아이들은 너무나도 자연스럽게
냄새로 사람을 알아볼 수가 있나 봐요.
그리고 그게 또 맞을 확률이 높답니다.

만 6세 • 남아

시각, 청각, 후각, 촉각, 미각. 이 오감을 확실히 의식해서 사용하는 것이 어린 시절로 되돌아가는 첫걸음이라고 생각해요. 어른들은 이익과 손해, 옳고 그름을 머리로 생각하는 반면에 아이들은 오감으로 느끼고 있는 것이죠. 생각하지 않고 느끼는 것. 이것이 아이들의 세계로 들어가는 첫 번째 문일 거예요.

제6장 눈물 나게 천진난만!

둘째 딸이 4살 때, "바보 녀석!"이라는
말을 해서 아내에게 혼나고 있었습니다.
아빠인 제가 나중에 살짝 아이를 불러내,
"바보 녀석이라고 말하고 싶어지면
'바나나'라고 해 봐."라고 가르쳐 주었죠.
그리고 이틀 후, 거실에서 신문을 읽고 있는데
아이의 방에서

"바나나! 바나나!"

라는 소리가 들리는 겁니다.
역시 아이들이란 이렇게 천진난만하네요.

만 4세 · 여아

히스이 코멘트

조금 말을 바꿔 볼게요. 이건 어른들에게 추천하고 싶은 기술이기도 해요. "바보 녀석!"을 "빠보 녀석!"으로요. '바'를 '빠'로 바꾸기만 해도 이렇게 귀여운 느낌으로 달라져요. "암에 걸렸다."도 "앙에 걸렸다."라고 말하면 왠지 나을 것 같고요. ^^

귀여운 발음 하나에 어감이 확 달라지니 꼭 한번 다양하게 써 보세요.

제6장 눈물 나게 천진난만!

시어머니께서 집에 놀러 오셨을 때.

무척이나 활발한 딸아이는 마침 고타쓰(일본식 난방 탁자)

위에서 점프를 할 수 있게 됐어요.

기쁜 마음에 할머니에게 보여 주고 싶었지만,

예의범절을 중요시하는 할머니는

"여자애가 그런 데 올라가면 안 돼.

거기는 먹을 거 올려놓는 곳이야."라고 혼을 냈어요.

그러자 딸아이는

"오늘부터 나는 계란찜이야!"

라며 털썩 고타쓰 위에 앉았습니다.

말문이 막혀버린 할머니.

저는 속으로 너무나 똑똑한 딸아이에게

박수를 보냈답니다.

만 3세 · 여아

히스이 코멘트

히스이 고타로, 아이들의 명언을 모아온 지 어언 10년.
3만 페이지가 넘는 원고를 써왔습니다만,
"오늘부터 나는 계란찜이야!"
지금까지 이보다 멋진 명언을 본 적이 없어요. 그 많은
먹을 것 중에서 순간적으로 계란찜을 선택한 이 센스는,
정말이지 최고네요.

제6장 눈물 나게 천진난만!

딸아이와 식사 중에 생긴 일.

딸 "나, 코코짱은 말이야, 남자아이로 태어나고 싶었어."

나 "왜?"

딸 "응, 조그맣고 귀여운 게 달려 있잖아."

나 "혹시 고추 말하는 거야?"

딸 "응!!!"

나 "그래, 그랬구나! 그런데 코코짱도 조금만 더 크면 가슴이 나온다고."

딸 "앗싸아!!!"

무척 기쁘다는 듯이

만세 삼창을 하더군요.

만 3세 · 여아

하스이 코멘트

성장이란 단지 몸이 커지는 것이 아니라, 당연하게 존재하는 작은 기쁨을 알아차리게 되는 일이라고 생각해요.
고추가 있어, 만세!
가슴이 있어, 만세!
코딱지가 붙어 있어, 만세!
인생의 작은 기쁨은 바로 눈앞에 있어요. 그리고 그 작은 기쁨들을 알게 되는 것이 바로 성장이랍니다.

제6장 눈물 나게 천진난만!

저는 이른 아침 일하러 나가기 전에, 아직 자고 있는 아들 녀석들에게 종종 쪽지를 남기곤 합니다. 단순한 영어 단어나, 한자가 섞인 쪽지를 말이죠. 친정어머니가 그것을 보고 아들 녀석에게 물었습니다.
"읽을 수 있어?"
그러자 아들 녀석의 대답.

"응, 엄마가 쓴 쪽지는 마음으로 읽으니까 괜찮아!"

만 6세 · 남아

히스이 코멘트

어느 역사 학자는 여러 가지 설이 존재하는 역사적 사실의 경우, 모든 현장에 직접 가서 공기를 느끼다 보면 자기 나름대로 어느 것이 진실인지 파악할 수 있게 된다고 해요. 그 현장을 흐르는 공기 속에 역사의 진실이 남아 있다나요. 그 공간에 흐르는 역사를 마음으로 읽는 것이죠. 아이들도 그런 것 같네요.

딸아이가 초등학교 2학년 때의 일이에요.
그즈음에 부부 사이가 너무나도 좋지 않았는데,
그날 밤은 어쩐 일로 가족들이 다 웃고 있었어요.
평소라면 9시쯤 잠자리에 드는 아이인데
좀처럼 자려고 하지 않길래
"빨리 자야지."라고 했더니,

> "…… 내일도 모레도
> 오늘처럼 신 나는 거야?"

라고 물어 와 가슴이 먹먹해졌어요.

초2 • 여아

아, 아이의 마음을 너무나 잘 알 것 같아서 눈물이…….
아이들은 엄마 아빠 사이가 좋아지길 조용히 기도하고 있을 거예요.

제6장　눈물 나게 천진난만!

딸아이는 몸이 좋지 않아 항상 산소마스크를 하고 있어요.
5살 때, "엄마 배 속으로 돌아가고 싶어."라길래,
"그러게, 배 속으로 돌아가서 다시 태어난다면
몸이 안 아플 수도 있잖아."라고 말했죠.
그러자 딸아이는 무척 화를 내더군요.
"왜 그런 말을 하는 거야?
나는 엄마 배 속에 있을 때 기분이 좋았기 때문에
돌아가고 싶다고 말한 것뿐이야!
게다가, 하늘 위에서 엄마를 보고 하느님께
이 엄마의 아이로 태어나겠다는 말을 할 때부터
나는 이미 몸이 좋지 않았어! 그러니까 엄마 배 속으로
다시 돌아가도 내 몸은 아픈 그대로인 거야!

**아픈 몸으로
태어난 게 잘못이야?"**

저는 딸아이가 아픈 게 제 탓 같아 항상 자책하고
있었기 때문에, 이 말에 위로의 눈물을 흘렸답니다.

만 9세 • 여아

하스이 코멘트

아, 눈물이…….
아픈 것도 분명 그 아이의 소중한 개성인 거예요.
오스트레일리아의 원주민인 애버리지니(aborigine)들은 기울어 가는 하현달을 '드리밍(dreaming)'이라 부른다고 해요.
결점도 분명히 당신의 일부예요. 인생을 살다 보면 이런 부족한 점에서 꿈이라는 것이 생겨나기도 하고요.
이렇게 말하는 저도 안면 홍조에 낯가림이 심해요. 그렇기에 더욱 글을 써서 사람들에게 알리는 길을 찾아낼 수 있었죠.
단점에서 꿈과 같은, 멋진 장점이 생겨나기도 한답니다.

제6장 눈물 나게 천진난만!

아들 녀석이
"엄마, 태어나 줘서 고맙다고 말해 줘."라고 하길래,
그림책에서 나온 대사라도 본 건가 싶었죠.
"태어나 줘서 고마워."라고 말했더니
생긋 웃는 아들 녀석.

"그게 제일 중요해."

만 4세 · 남아

앞서 언급한 것처럼, 저는 아이들을 제 곁에 찾아와 준 신(神)이라고 생각하기 때문에 항상 '태어나 줘서 고마워.'라는 마음으로 아이들을 대해요. 그리고 최근에는 아내도 신이라고 생각하려고 하죠. 아이들보다 그게 조금 어렵긴 하지만요. ^^

눈이 내리던 어느 날.
함께 만들어 마당에 세워 둔
눈사람을 보며 딸아이가 말했어요.
"엄마, 눈사람이 녹으면 뭐가 남을 것 같아?"
"물?"

"…… 추억이 남지."

눈물이 날 것 같았습니다.

만 5세 • 여아

우리는 모두 두 번 죽는다고 합니다. 첫 번째는 육체가 죽었을 때, 두 번째 죽음은 모두의 기억에서 사라졌을 때. 뒤집어 말하면, 사람은 육체가 죽어도 추억 속에서 살아갈 수 있다는 것이죠. 돌아가신 분을 당신이 추억할 때, 그분은 여전히 이 별에 살고 계신 거랍니다.

16 우리 집 이야기 — 준비, 카멜레온!

《천국의 체질이 되자!》* 등의 저서를 집필한 쓰루오카 히데코, 즉 쓰루짱과 동료들이 모여 카페에서 차를 마시면서 육아 이야기를 하게 됐습니다.

쓰루짱의 아이들은 초등학교에 다니는데, 당시에 아들이 아직 철봉 거꾸로 오르기를 못 했다고 해요. 그런 아들에게 쓰루짱이 건넨 말은

"괜찮아, 엄마가 우리 아들은 뭐든 할 수 있는 아이로 낳았으니까. 연습하면 분명히 할 수 있을 거야, 괜찮아!"

였어요.

그런 말을 듣고 자란 아들은 여러 가지 일에 도전하는 아이가 되겠지요. 함께 듣고 있던 동료들 모두가 박수갈채를 보냈어요.

그리고 그 후 동료들이 저에게 "히스이 씨는 그럴 때 뭐라고 말할 거예요?"라고 묻더군요.

* 鶴岡 秀子, 天國體質になる! (講談社, 2007)

앞서 박수갈채가 나온 탓에 기대치는 한껏 올라가 있었죠.

저는 이렇게 말했습니다.

"뭐라고!? 철봉 거꾸로 오르기를 못 한다고? 다시 한 번 말해 봐!

아빠도 그거 못 하니까!"라고요. ^^

"아빠는 철봉 거꾸로 오르기도, 자동차 운전도, 텔레비전 예약 녹화도 못 해. 정말 못 하는 거 투성이지만 딱 한 가지, 글은 쓸 수 있어. 글 쓰는 게 좋아. 사람은 말이야, 한 가지만 잘하는 게 있어도 행복하게 살 수 있어. 아들아, 유치원 마라톤 대회 때 '준비—, 출발!' 하는 순간에

'준비—, 카멜레온!'

이라며 갑자기 네발로 기어가는 자세를 하고 웅크린 적이 있었지? 그걸 보고 이 아빠는 감동했었어. 철봉 거꾸로 오르기를 못 하더라도 너는 카멜레온이 될 수 있었잖아. 아빠는 그걸로 충분히 감동했어."

"이렇게 아이에게 말할 것 같아요."라고 하자, 또 박수갈채가 나오더군요.

다 잘하지 못하면 불행해진다고 생각하기 때문에, 이것저것 못하는 아이를 꾸짖게 되는 거죠. 하지만 인간은 단 하나만 잘해도 행복해질 수 있어요.
　무언가 하나만 잘해도 충분해요.

노는 거니까 더

　오랜만에 이틀 연속으로 휴가를 얻어, 가족끼리 느긋하게 보내기로 했습니다. 그 이틀 동안, 아들 녀석이 제일 좋아하는 '아사쿠사 하나야시키(도쿄에 있는 오래된 놀이공원)'와 딸아이에게 보여주고 싶었던 '카마쿠라 대불(카마쿠라에 있는 커다란 청동 불상)'을 보러 가기로 했죠.

　우선, 하나야시키. 우리 아들이 무척 좋아하는 곳이에요. 도쿄 디즈니랜드에서 인기 있는 '어트랙션'을 이용하려면 2시간 정도 기다리곤 하는데, 하나야시키는 대기 시간이 0.8초 정도죠. 다 타면 바로 또 탈 수 있어요! 이것이 바로 아들 녀석이 "뭐지, 아빠. 여기는!"이라며 이곳을 마음에 들어 하는 이유예요. 특히 '지상 60m까지 단숨에 올라가 바로 급강하. 당신은 이 공포를 견딜 수 있겠는가?'라는 문구가 붙어 있는 '스페이스 쇼트'. 아들 녀석은 이 놀이 기구를 가장 좋아하는데, 누나는 무서워서 타지 못해요. "타 봐."라고 아들 녀석이 몇 번을 말해도 누나는 타질 않았죠. 아내까지 "타 봐."라고 몇 번이나 얘기하니,

점차 딸아이도 부담감에 낯빛이 어두워지기 시작했어요.

안 되겠다 싶어 저는 딸아이에게 이렇게 말했습니다.

"노는 거니까 무리해서 탈 필요 없어. 괜찮아, 안 타도."

그래서 아들 녀석과 저만 스페이스 쇼트에 타게 됐는데, 의자에 앉아 안전띠가 채워지자 아들 녀석이 저에게 나직이 이렇게 말하는 겁니다.

"아빠, 노는 거니까 더 진지해야지."

오오오오, 멋지잖아!!!
"그리고 난 공부할 때는 한 번도 진지했던 적이 없다고."

아, 역시!? ^^

그리고 다음 날, 이번에는 카마쿠라에 가기로 했는데 출발 직전에 '새해가 시작된 직후 카마쿠라는 사람이 너무 많아 발 디딜 틈도 없다.'는 이야기를 들은 거예요. 카마쿠라까지 4시간 동안 전철을 타고 갔는데 사람이 너무 많아서 대불을 못 본다면 딸아이도 너무 서운하겠죠.

가야 할지, 장소를 변경해야 할지. 저와 아내는 계속 작전 회의를 했어요. 그러자 아들 녀석이 거기에 끼어들며 이렇게 말하는 겁니다.

"이래저래 고민할 거라면 가는 게 좋아.

가서 붐비더라도, 상관없잖아.

인생 까짓것, 총살 당하지 않는 이상 별거 없다고!"

머, 멋져!

그래서 카마쿠라에 갔더니, 네, 대불을 무사히 볼 수 있었어요.

물론 딸아이도 기뻐했고요. 어찌나 신이 나던지요.

인생, 죽는 일이 아니라면 가벼운 찰과상. 인생 마지막 날, 모든 기억은 꿈속의 추억이 됩니다. 그러니 더욱 하고 싶은 일이 있다면 최선을 다해 보세요. 그것이 바로 후회 없는 삶이랍니다.

마지막 명언

자, 드디어 마지막 명언입니다.

아침에 어린이집에 등원시키기 위해
옷을 입히려는 할머니와 손자 녀석의 대화입니다.

손자 "이 바지 입기 싫어."
할머니 "싫은 게 어디 있어."

손자 "싫어!!"
할머니 "싫은 게 어디 있어."

손자 "싫어!!!"
할머니 "싫은 게 어디 있어."

그리고 마침내 할머니는 이렇게 혼을 냈죠.

"그럼, 팬티 한 장만 입고 가든지!"

그러자, 손자 녀석이 하는 말…….

"싫어, 팬티 두 장 입을 거야!"

만 3세 · 남아

하스이 코멘트

팬티 두 장이 좋다니……. 저 지금 자지러지게 웃으며 떨리는 손으로 이 글을 쓰고 있어요. 인생에서 뭔가 힘든 일이 생겼을 때, 이 장면을 떠올려 보세요. 그러면 분명 무슨 일이든 극복할 수 있을 거예요. ^^

에필로그

I love you
because
you are you,

아들아,
너의 서예는 정말이지 '서프라이즈'였단다.
이름을 쓰는 곳에 적혀 있던 '쿠마키 리코'라는 글자.
'쿠마키 리코가 도대체 누구지?'라고 아빠는 한참을
생각했어. 설마 교본에 쓰여 있는 이름까지
그대로 베껴 쓸 줄이야!
하지만 그렇게 덜렁대는 네가 정말 좋아.

아들아,
여름방학이 막 끝난 신학기 첫날, 뭔가 우울해 보여서
"학교 가기 싫어?"라고 물었더니 너는 이렇게 대답했지.

"아빠. 나, 내 자리가
어디였는지 까먹었어……."

그걸 고민하고 있었던 거였니?
"그럼 어떻게 할 거야?"
"교실에서 어슬렁거리다가 다른 애들이 다 앉았을 때,
비어 있는 자리에 앉을래."

너무나도 멋진 아이디어에
"너는 천재야!"라고 아빠는 생각했어.
다음 날, "자리 잘 찾았어?"라고 물으니
"응? 그게 무슨 말이야?"라는 너.
자리를 까먹은 일조차 이미 잊어버린 너에게, 건배!

아들아,
요리를 잘 못하는 엄마가 튀김을 해 준 적이 있었지.
하지만 역시나 실패해서 까맣게 탔었지.
그때 너는 와작와작 튀김을 먹으며 말했어.

"오히려 맛있어, 탄 게."

엄마는 그 한마디에 감동했고, 아빠도 그렇게 예쁘게
'오히려'를 쓸 수 있는지 처음 알았어.

아들아,
어느 날, 아빠가 아침밥을 먹는데
그 옆에서 너는 계속 점프를 하고 있었지.

무슨 일인가 싶었을 때, 너는 이렇게 말했어.
"엄마, 엄마! 점프를 하니까 뿡뿡뿡뿡 방귀가 계속 나와.
나 어디 아픈 건가?"
그렇게 아픈 건 말이야, 오히려 아주 멋진 거야.

아들아,
내가 원고를 쓰고 있는 방에 갑자기 뛰어 들어와서,

"아빠, 오늘의 입버릇을 정했어.
'햇부시!' 오늘은 이걸로 갈 거야."

그렇게 보고하고는 방에서 나간 적이 있었지.
아들아, 그건 도대체 뭐야? ^^
"'햇부시'가 뭐야?"라고 나중에 물으니,
"그냥 왠지 만들어 본 말이야, 아빠."라던 너.
너는 항상 '왠지'를 소중히 생각하며 살지.
왠지 느낀 일을 소중하게 여기며 산다는 것.
어른이 되면, 우선 변명부터 늘어놓기 바빠서
잊어버리기 일쑤지.

아들아,
네가 학교 숙제로 일본 지도의
모든 현(縣)*을 외워야만 했을 때.
누나가 "제대로 외우고 있는 거야?"라고 닦달하자
너는 이렇게 대답했지.

"나는 나가노 현 밑으로는
 외울 생각을 안 했어!"

나가노 현 밑이라니…….
그때 아빠는 우리 아들은
정말이지 상남자라고 감동했단다.
"시가 현 같은 곳도 있어."라고 누나가 말했더니
"응??? 시가 현!!!??? 뭐야, 그게? 처음 들었어."라며
너는 시가 현의 존재에 무척 놀라워했었지.
아빠가 널 대신해서 시가 현의
모든 여러분께 사과 드릴게.

*일본의 행정구역 중 하나로 현재 43개의 현이 있다. 우리나라의 도(道)에 해당한다.

아들아,
네가 열심히 고무줄을 10개, 20개씩 엮어서
방 끝에서 끝까지 이어놓은 적이 있었지.
그렇게 길게 엮은 고무줄 밑을 빠져나가며
너무나도 만족한 표정을 짓던 너.
"뭐 하고 있어?"라고 물으니 이렇게 대답했어.

"아빠, 이거 프로레슬링의 링이야.
 링의 로프를 멋지게
 빠져나가는 게 내 꿈이었어."

네가 아빠에게 가르쳐 줬지.
꿈은 이렇게 간단히 이루어지는 거라는 걸 말이야.

아들아,
할아버지가 쓰러지셔서 병원으로 향하는 차 안에서,
무거운 분위기 속에서 너는 이렇게 말했었지.

"엄마, 요즘에 교과서를 펴보면
 작은 진드기가 있어!"

그 말에, 쓰러진 할아버지 일로
머리가 가득 차 있던 엄마는

"우리 집에서 진드기를 키우고
 있으니까 그렇지, 신경 쓰지 마!"

라고 야단을 쳤었지. 우리 집에서 언제부터
진드기를 키우고 있었다고 말이야.
그래도 너의 바보스러운 말 한마디 덕에,
차 안의 무거운 공기가 조금 바뀌었단다.
너 나름대로 엄마를 배려해서 한 말이었을 테지.

드디어 이 책도 마지막 장이 됐구나.
마지막까지 읽어 준 너에게 소중한 말을 해 주고 싶어.
그건 말이지…….
하느님은 너를 정말 사랑하고 계신다는 거야.

왜냐하면 공부를 못할수록,
개구쟁이일수록 더 귀여우니까.
이 우주의 모든 사람이
그렇게 생각할 거야.

부모가 되고 나서야 아빠도 겨우 알 수 있었어.
분명히 너도 부족한 점이 많을 것이라고 생각해.
숨겨 봤자 소용없단다. 아빠는 이미 알고 있거든. ^^
자신을 스스로 비하하거나, 자책하거나,
싫어하게 될 수도 있어.
그래도 말이야.
그렇게 부족한 점이 많은 아이일수록
하느님은 귀엽다고 생각하실 거야.
몇 점이라도 상관없어. 너는 너잖아.

심리학자 칼 로저스의 말을 너에게 선물할게.
"I love you because you are you."

하느님은 네가 성공해야 한다거나
그런 것들은 생각하지 않으셔.
하느님은 마음이 정말 넓으신 분이시거든.
하느님은 단지, 있는 그대로의 너의 모습에 기뻐하시고,
꾸밈없는 너를 사랑하시는 거야.
네가 너라서, 아빠 아들이라서 아빠는 정말 좋아.
그러니 네 마음껏 살아가면 그걸로 충분해.

자신의 솔직한 기분을 받아들이고,
인정하고, 이해하는 거야.
어린 시절에는 분명 여유롭게 그럴 수 있을 거야.
괜찮아. 우리는 모두 어린 시절을 겪었어.
순수함(일본어의 '素直')이란,
하느님(主)과 실(糸)로 바로(直) 이어지는 것.
마음이 두근거린다면, 그 마음에 솔직하게
한 발 내디디면 되는 거야. 그 두근거리는 한 걸음이
너를 어린 시절의 너로 되돌려 줄 거야.
마지막으로 하느님이 다시 한 번
너에게 전하고 싶은 말씀이 있으신 것 같아.

"있는 그대로의

너의 모습이

나의 행복이란다."

Special thanks!
천재적인 말을 남겨 준 아이들에게

켄켄 • 15, 33
토시키 • 16
이쿠미 • 17
요모기 • 18
More smily • 20
나카소네 코우다이 • 21
나오토 • 22
카와바타 하루토 • 24
히로후미 • 27
이리에 타쿠미 • 28
우쨩 • 30
쥰 • 31
아스카군 • 32
코가 유우키 • 34
슈토 • 35
세이라 • 36
다카이 리오 • 38
요우코 • 46
메이쨩 • 47
욧쨩 • 48
다이쨩 • 50
유우 • 51
마에다 큐타 • 54

토이 • 55
나우 • 56
우에스기 카즈오 • 67, 70
카에데 • 68, 111
코우지 • 71
슈토 • 72
니나 • 75
나나토 • 76
HIBIKI • 78
소우타 • 79
유지로 • 80
바라구미 • 82, 173
ana • 84
코타로 • 85
네오 • 88
요코타 켄타로 • 104, 166
오치카 • 106
사노스케 • 112
사카이 치 • 103
린 • 132
나카타 사야카 • 134
유우 • 136
히라노 쥰다이 • 138

유이 • 140
류군 • 142
에미 • 144
타이세이 • 146
포코 • 147
홋쨩 • 148
요스케 하야토 • 150
사라쨩 • 152
카즈 • 154
잇쨩 • 156
켄타츠 • 157
코바야시 미나리 • 167
onuy • 168
카즛치 • 169, 192
유다이군 • 170
루우쿠 • 171
하즈키 • 172
care • 174
코코쨩 • 178
소라 • 180
레오나 • 182
유우 • 184
나카무라 미유 • 185

지은이 히스이 고타로
니가타 현 출신의 작가이자 카피라이터.
'세상을 바라보는 눈을 바꾸면 인생이 바뀐다.'는 모토로 세상을 바라보는 방법을 연구 중이다.
일본멘탈헬스협회 에토 노부유키 씨에게 심리학을 배우고, 심리 카운슬러 자격을 취득했다.
《10% 행복사과》가 디스커버 메시지북 대상 특별상을 수상, 베스트셀러 반열에 올랐다.
이 외에 《내일이 내 생애 마지막 날이라면》, 《마음에 쿵! 하고 울리는 운명의 말》 등 베스트셀러 다수.
3만 명이 읽는 웹 매거진 〈3초 만에 Happy? 명언 테라피〉를 무료 연재 중이다.

옮긴이 조아라
이 책의 번역을 마친 다음 날 출산,
현재 뒤집기 삼매경에 빠진 한 살배기 딸의 엄마.
이화여자대학교 통역번역대학원 한일통역과를 졸업하고,
통·번역 프리랜서로 활동 중이다.

엄마가 좋아, 눈물이 날 만큼!

초판 1쇄 인쇄 2016년 5월 3일
초판 1쇄 발행 2016년 5월 10일

지은이 히스이 고타로
옮긴이 조아라
펴낸이 안중용

펴낸곳 비빔북스 **출판등록** 2015년 6월 19일 제2015-000026호
주소 서울특별시 양천구 등촌로 220 정원오피스타운 405호
전화 02-2693-7751 **팩스** 02-2653-7752
이메일 bibimbooks@naver.com

ISBN 979-11-957897-0-2 03830

*책값은 뒤표지에 있습니다.
*이 책은 저작권법에 의하여 보호를 받는 저작물이므로 무단 전제와 복제를 금합니다.

KODOMO WA MINNA TENSAIDA!
© KOUTARO HISUI 2015
Illustrations by JIN KITAMURA
Originally published in Japan in 2015 by PHP Institute, Inc., TOKYO.
Korean translation rights arranged with PHP Institute, Inc., TOKYO.
through TOHAN CORPORATION, TOKYO. and Botong Agency.

이 책의 한국어판 저작권은 Botong Agency를 통한 저작권자와의 독점 계약으로 비빔북스가 소유합니다.
신 저작권법에 의하여 한국 내에서 보호를 받는 저작물이므로 무단전재와 무단복제를 금합니다.

이 도서의 국립중앙도서관 출판시도서목록(CIP)은 서지정보유통지원시스템 홈페이지(http://seoji.nl.go.kr)와
국가자료공동목록시스템(http://www.nl.go.kr/kolisnet)에서 이용하실 수 있습니다. (CIP제어번호: 2016010358)